Exploración
de la
Adoración

BOB SORGE

EDITORIAL
Vida
DEDICADOS A LA EXCELENCIA

ISBN 0-8297-1903-2
Categoría: Teología

Este libro fue publicado en inglés con el título
Exploring Worship

© 1987 por Bob Sorge

Traducido por Jorge Arbeláez Giraldo

Edición en idioma español
© 1993 EDITORIAL VIDA
Deerfield, Florida 33442-8134

Cubierta diseñada por Gustavo Camacho.

Índice

Prefacio

Al pensar en escribir este libro me preguntaba por qué era necesario escribir otro libro sobre la adoración. Después de todo, hay muchos libros hoy día que cubren un amplio campo de intereses en la alabanza y la adoración, inclusive la función y administración de la música en la iglesia. En realidad, se dispone de más literatura sobre las aplicaciones administrativas prácticas de la música en la iglesia que sobre los aspectos devocionales de la alabanza y la adoración.

La dirección para este libro comenzó a surgir al examinar los énfasis de los libros que ya estaban en circulación. Me di cuenta de que, con muy pocas excepciones, casi todas las obras que tratan los temas de la música, la alabanza y la adoración tienden hacia uno de dos polos: O se enfocan en la administración práctica de la música en la iglesia local, o destacan los aspectos devocionales e inspiradores de la alabanza en la adoración. Los libros prácticos tienden a ser de orientación musical, con poco énfasis devocional en la alabanza y la adoración; los libros de inspiración tienden a ser de orientación hacia la alabanza y la adoración, con poca dirección práctica en cuanto a la ejecución musical de los conceptos expuestos.

La mayoría de los libros devocionales sobre la alabanza y la adoración son escritos por pastores, maestros o dirigentes de las iglesias que no son directores de música y, en consecuencia, dejan la implementación práctica de sus ideas a los músicos de la iglesia. Los libros más prácticos sobre la música en la iglesia, por el contrario, son escritos por personas dedicadas al ministerio de música, pero no siempre reflejan el interés devocional del pastor o maestro. Dada mi experiencia como pastor y director de música, sentí el deseo de combinar ambos sabores en una sola obra.

En una era cuando el pentecostalismo se esparce alrededor del globo con más rapidez que ningún otro énfasis eclesiástico, se necesita más que nunca una teología sólida de la adoración según las tradiciones pentecostales y carismáticas.

La iglesia ha caído presa de gente sincera que ha puesto demasiado énfasis en las funciones prácticas de la música en la iglesia, pero que no ha aprendido la sensibilidad al Espíritu Santo por no pasar suficiente tiempo a los pies de Jesús. Muchos líderes eclesiásticos, al contrario, luchan con el problema de que, aunque tienen visión y corazón para la alabanza y la adoración, se encuentran impedidos por la incapacidad para guiar al pueblo de Dios por medio de la música. Las iglesias necesitan personas expertas en música que tengan en el corazón el fuego de la unción divina. Esta obra, por lo tanto, es un intento por combinar los aspectos prácticos y devocionales de la alabanza y la adoración en un todo cohesivo. En ella se investigan las muchas facetas de la alabanza, se pasa a un estudio cuidadoso de la adoración y lo que significa llegar a ser adorador, y luego se concluye con una sección práctica que hace sugerencias sobre la manera eficaz de guiar a los adoradores a nuevas experiencias en la alabanza y la adoración.

El título de esta obra lleva el sabor de mi peregrinaje en la adoración, con la implicación obvia que este libro no es la última palabra sobre la adoración. Estos capítulos no quedan sellados, sino que deben servir como catalizadores para introspección y estudios posteriores. Que esta obra sea para el lector el principio de su libro de notas. Puesto que Dios es infinito, también lo son la profundidad y el significado de la adoración. Este libro no pretende suministrar respuestas simples a los muchos problemas complejos que enfrentan los dirigentes eclesiásticos en sus cultos de adoración. En efecto, algunas ideas expuestas aquí no se aceptarán con prontitud. Con todo, se presentarán muchos asuntos prácticos, y confío en que hay preguntas sinceras que hallarán respuestas posibles dentro de estas páginas.

He vacilado un poco en publicar un libro sobre la adoración porque he llegado a entender que mientras más aprendo sobre la adoración, tanto más parece quedar algo sin descubrir. Es tan fácil pensar que se comienza a comprender la adoración, y confinar así al Espíritu Santo a conceptos personales de la adoración. Esta es la trampa que ha causado tanto anquilosamiento en las formas de adoración de muchos en el cuerpo de Cristo. Así que este tomo se escribe con la humilde esperanza de que sea fuente innovadora y estimulante de bendiciones para muchos, mientras se sigue frente a los retos y el gozo de la *Exploración de la adoración*.

Bob Sorge

Primera Parte

El meollo de la alabanza y la adoración

Capítulo 1

¿Qué es la alabanza?

No es extraño oír referencias a "la alabanza y la adoración" como si fueran entidades idénticas, o por lo menos se combinaran para formar un todo completo. La alabanza y la adoración son actividades que cooperan mutuamente, y con frecuencia son muy semejantes en la manera de expresión exterior, pero no son la misma cosa. Cada una tiene su propia esencia y propósito. Algunas iglesias son muy expresivas en su alabanza pero muy introvertidas cuando se trata de la adoración. Y para otras, parece relativamente fácil entrar a la dulzura de la adoración, pero todavía no han aprendido la dinámica de la alabanza. El equilibrio de las dos es más fácil una vez que se reconozcan las diferencias y funciones de la alabanza y la adoración.

La esencia de la alabanza

No es difícil entender el concepto de la alabanza, pues hace parte de la vida cotidiana. Se "alaba" a los hijos cuando agradan a los padres; se "alaba" a los empleados por un trabajo bien hecho; y hasta se "alaba" a los perros cuando hacen bien los trucos. Con todo, la alabanza más excelente es la que se dirige a Dios, o algo que se expresa a otros acerca de Dios.

Algunas definiciones dadas a la palabra "alabar" en el diccionario destacan su sencillez: "elogiar, celebrar con palabras; decir de algo o alguien cosas que significan aprobación". Obsérvese el enfoque bidireccional de la alabanza inherente en estas definiciones: Se alaba a Dios directamente al exaltarlo o expresarle admiración; se le alaba indirectamente al hablar bien de Él o exaltarlo delante de los demás. La alabanza se puede dar directamente a Dios, o se puede expresar a otros con referencia a Dios.

La alabanza se preocupa de quién es Dios y lo que ha hecho. Enfoca a su carácter incomparable y los actos maravillosos que ha hecho a favor de sus hijos. Cuando Dios hace algo glorioso por ellos, les encanta elevarle sus alabanzas. Sin embargo, la alabanza no es sólo la reacción de agradecimiento de ellos a su provisión; la alabanza es también muy apropiada aun cuando no se tenga un regalo particular de Dios en mente. Él es digno de alabanza simplemente por ser quién es.

Un aspecto distintivo de la alabanza concierne a su esencia extrovertida. Se caracteriza por la celebración y la alegría, y se expresa con cantos, gritos, expresiones orales, el toque de instrumentos musicales y otras formas externas. El estudio del Antiguo Testamento, especialmente de los Salmos, revela con claridad que el pueblo hebreo era muy emotivo y expresivo en su alabanza y adoración delante de Dios. Que no se diga que los cristianos contemporáneos son demasiado modernos o refinados para rivalizar con el entusiasmo hebreo por Dios. Dios es glorioso y enérgico y merece la aclamación entusiasta de sus hijos.

El que sólo ha contemplado las maravillas de Dios todavía no ha entrado en la alabanza. La meditación no es alabanza. La alabanza comienza con la mente puesta en Dios, pero entonces esos pensamientos se deben poner en acción para que sean alabanza. Hay personas muy queridas en las iglesias que cruzan los brazos, bajan la cabeza, fruncen los labios y dicen: "Esta es mi manera de alabar al Señor." Están equivocados porque, primero que todo, no existe una cosa tal como "mi manera" de alabar al Señor; sólo existe "la manera de Dios" que se ha demostrado con claridad en las Escrituras. Y en segundo lugar, la Biblia demuestra que la alabanza se ha de *declarar* o *manifestar*. El Salmo 66:8 exhorta: "Bendecid, pueblos, a nuestro Dios, y haced oír la voz de su alabanza." La alabanza existe cuando se expresa o demuestra. Es decir, es imposible alabar con la boca cerrada y el cuerpo agachado. En esa posición se puede adorar, meditar, orar o dormir, pero no alabar. El profeta exclamaba:

"Levanta fuertemente tu voz . . . levántala, no temas" (Isaías 40:9). Hay formas de alabanza orales y las que no lo son, pero cualquiera que sea la forma de demostrar la alabanza, los demás se dan cuenta de que ocurre.

Algunos santos temen alzar la voz en la congregación porque alguien podría oírlos o reconocerlos como malos cantantes. Las alabanzas de Dios no se limitan a los que tienen buena voz. Si uno no puede cantar, debe expresar en forma oral las alabanzas de Dios. Si alguien es mudo, puede mostrar las alabanzas de Dios en las expresiones del rostro y el cuerpo.

Vale repetir que no se alaba a Dios de una manera propia. Algunas iglesias se enorgullecen de suministrar un ambiente libre donde la gente puede alabar a Dios a su modo. Eso está bien, pero los cristianos necesitan hacer algo más que sólo alabar de acuerdo con sus sentimientos y deseos. Nunca crecerán y madurarán en sus expresiones de alabanza hasta que estén dispuestos a alabar de la manera que agrada al Señor, del modo que Él quiere que se le alabe. Las Escrituras muestran con claridad los modos variados de expresar la alabanza. Las formas bíblicas de alabanza comprenden el espectro de maneras posibles de alabar al Señor, pero Dios no quiere que se imiten sus alabanzas mediante la adaptación legalista a sus demandas. Más bien, quiere que se le alabe de manera auténtica y genuina, incorporando las formas bíblicas de alabanza como sacrificio voluntario. Por eso, si el levantar las manos no es "mi manera de alabar a Dios", entonces hay que hacerlo como forma congregacional de alabanza hasta que se convierta en parte natural y genuina de la expresión de alabanza a Dios.

Muchas veces la alabanza es una función de la voluntad. Hay que tener la voluntad y determinación de alabar al Señor, aunque no se tengan deseos de hacerlo. La alabanza no depende de los sentimientos, pues se basa en la grandeza de Dios que es inmutable. David dijo: "Bendice, alma mía, a Jehová, y bendiga todo mi ser su santo nombre" (Salmo 103:1). A veces uno se siente seco en el espíritu, y entonces uno debe decirle al alma: "¡Bendice al Señor, alma mía!" La alabanza debe funcionar según la voluntad y no según las emociones.

Se puede preguntar: "Pero, ¿cómo puedo alabar cuando me siento deprimido?" La respuesta se puede hallar en los Salmos, pues los escribieron hombres que también sufrieron profundas depresiones emocionales. Un salmista describe sus sentimientos de esta manera: "Mi alma está abatida en mí." Entonces se pregunta: "¿Por qué te abates, oh alma mía, y te turbas dentro de mí?" Luego se dice con firmeza: "Espera en Dios." Su declaración siguiente muestra de modo hermoso la disciplina de la alabanza: "Porque aún he de alabarle" (Salmo 42:5-6). El Señor quiere que todos los creyentes lleguen al punto en que decidan alabarlo sin importar cuáles sean los sentimientos y circunstancias.

Cuando se tiene verdaderamente la impresión de la grandeza de Dios, la alabanza viene con facilidad. Una manera deleitosa de concentrarse en el carácter de Dios es estudiando sus nombres. La alabanza en el Antiguo Testamento se interesaba en el nombre de Dios. "Alabaré tu nombre, oh Jehová, porque es bueno." (Salmo 54:6). "Engrandeced a Jehová conmigo, y exaltemos a una su nombre" (Salmo 34:3). Los hebreos alababan el nombre de Dios porque para ellos el nombre de una persona indicaba su carácter. Una vez oí al doctor Judson Cornwall decir que los hebreos aun esperaban unos años para dar el nombre a sus hijos, para escoger nombres de acuerdo con su personalidad. A Dios le agradó esa costumbre y decidió revelar su carácter a los israelitas dándoles varios de sus nombres.

Esto es lo que ocurrió en Éxodo 15:26, cuando el Señor dijo: "Pueden llamarme 'Jehová-rafah', pues yo soy el Señor que los sana." En Génesis 22, Dios se reveló como "Jehová-jireh" cuando quería mostrar que proveería lo necesario a su pueblo. En el último versículo del libro de Ezequiel, Dios dio su nombre "Jehová-sama" que significa "Jehová está allí" (Ezequiel 48:35). Dios revelaba su omnipresencia; nunca deja ni abandona a los suyos. Por lo tanto, es propio que la alabanza enfoque todo lo que representan los distintos nombres de Dios dados en las Escrituras.

¿Por qué se debe alabar al Señor?

Primero que todo, se le alaba porque así se ordena en su Palabra (Salmo 150:1). Obsérvese que Dios no *pide* que se le alabe. Porque los reyes no piden sino que ordenan. Uno podría preguntar: "¿Por qué Dios exige la alabanza? ¿Es un egoísta que se complace en la adulación?" No es que Dios necesite las alabanzas, sino que sabe que sus hijos necesitan alabarlo. La alabanza no beneficia a Dios (Él es Dios, ya sea que se le alabe o no); Dios ha ordenado la alabanza para el bien de sus hijos. Sólo mediante la alabanza se puede entrar en la relación debida con Él. Sin un corazón agradecido que alabe a Dios, nunca se crecerá en la gracia de Jesucristo.

La segunda razón para alabar a Dios es que Él se entrona en la alabanza (Salmo 22:3). Le encanta la alabanza. Se complace tanto en ella que se rodea y cubre con ella. Se alaba a Dios porque a Él le agrada.

Ahora quiero enfocarme a un versículo que es fundamental de mucho de lo que se dirá más adelante. Isaías 60:18 contiene una clave que abrirá muchos pasajes al estudiar el tema de la alabanza. Ese versículo dice: "A tus muros llamarás Salvación, y a tus puertas Alabanza." La clave es esta: En muchos pasajes que hablan de *puertas* se encuentra un principio relacionado con la *alabanza*. Esta clave se ajusta a un versículo relacionado: "Ama Jehová las puertas de Sion más que todas las moradas de Jacob" (Salmo 87:2). Al Señor le agradan las alabanzas (puertas) de Sion más que todas las moradas de Jacob. No cabe duda de que Dios responde a sus hijos cuando lo alaban.

En tercer lugar, hay poder en la alabanza. Cuando el creyente deja de pelear sus batallas y se pone a alabar a Dios que ha dicho que peleará por él, Dios queda en libertad para desatar su poder y provisiones a favor del creyente. Se ampliará esta idea en la sección sobre la alabanza como arma en la lucha espiritual y se verá que la alabanza trae victoria, poder, liberación y bendición.

En cuarto lugar, se alaba a Dios porque es bueno alabar al Señor (Salmo 92:1). Es agradable que los rectos lo alaben (Salmo 135:3). Conviene que sus santos lo bendigan.

En quinto lugar, se alaba a Dios porque Él es digno de la alabanza (Salmo 48:1; Apocalipsis 4:11). Tómense en consideración estas hermosas palabras de Martín Lutero: "Una persona no puede alabar a Dios solamente, a menos que entienda que no hay nada en ella digno de alabanza, sino que todo lo que es digno de alabanza es de Dios y de Él procede. Puesto que Dios es eternamente digno de alabanza, porque es el Bien infinito y nunca se puede agotar, por eso lo alabarán por siempre jamás."

En sexto lugar, Dios creó al hombre para que lo alabe. Esto aparece con claridad en las Escrituras. Jeremías 13:11 demuestra que Dios llamó a la casa de Israel a sí precisamente para su alabanza, renombre y honra. Esto hace eco en 1 Pedro 2:9, que dice: "Mas vosotros sois linaje escogido, real sacerdocio, nación santa, pueblo adquirido por Dios, para que anunciéis las virtudes de aquel que os llamó de las tinieblas a su luz admirable." Dios ha escogido a los creyentes con el propósito expreso de que declaren sus alabanzas. Isaías lo expresó muy bien: "Este pueblo he creado para mí; mis alabanzas publicará" (Isaías 43:21).

Muchas personas del mundo actual anhelan la satisfacción y la buscan desesperadamente donde no deben. Nunca encontrarán satisfacción completa en su ser interior hasta que entren en una relación debida con Dios por medio de la alabanza. A. W. Tozer dijo bien: "El propósito de Dios al enviar a su Hijo a morir, vivir y estar a la diestra de Dios Padre fue restaurar a sus hijos la joya perdida de la adoración; para que ellos vuelvan y aprendan de nuevo a hacer aquello para lo que fueron creados en primer lugar: adorar al Señor en la hermosura de la santidad." La alabanza no debiera ser una tarea difícil y ardua de dominar, sino que debiera fluir de la vida del modo más natural. Es en efecto una tendencia normal inherente al cristiano, puesta en él a propósito por el Creador y Padre. La alabanza es una de las cosas más naturales que el creyente puede hacer.

¿Cuándo se debe alabar?

El creyente alaba a Dios, primero que todo, cuando así lo quiere (Santiago 5:13). También se alaba a Dios cuando no se quiere (Salmo 42:5). A veces la gente acusa: "Su alabanza es puro emocionalismo"; pero el emocionalismo sigue el dictado de las emociones de uno. La alabanza es una disciplina que requiere la iniciativa del creyente a pesar de sus emociones. El emocionalismo surge cuando se entra a la alabanza sólo si se quiere, y se refrena cuando no se tienen deseos de alabar. No alabar cuando uno no se siente listo para ello es verdadero emocionalismo, es decir, permitir que las emociones dicten el nivel de alabanza. La verdadera alabanza es la antítesis del emocionalismo; se alaba a Dios con entusiasmo ya sea que se tengan ganas de alabarlo, o no.

Obsérvese, por favor, que aunque la alabanza no es *emocionalismo*, sí es *emocional*. Conviene alabar al Señor de manera emocional. Dios creó las emociones, y la alabanza es el modo más noble de expresarlas. En el Magnificat, María dijo: "Engrandece mi alma al Señor; y mi espíritu se regocija en Dios mi Salvador" (Lucas 1:46-47).

Otra consideración es que el mejor tiempo para alabar al Señor es *ahora mismo*. A veces el creyente se excusa de su falta de alabanza así: "Señor: Tú sabes que te alabé de veras con todo el corazón el domingo pasado; y sé que entiendes, Señor, que estoy cansado hoy. Mi espíritu está dispuesto, pero la carne es débil. Como te alabé con tanto entusiasmo el domingo pasado, sé que no te importa si descanso un poco hoy." ¿Quién no se ha convencido alguna vez de que se ha ganado un día para no alabar? Todos lo hacen. La Biblia no estipula que se haga la alabanza de una semana en un día. El cuerpo humano no tiene manera de almacenar la vitamina C; o la quema toda o la desecha. De modo semejante, no se puede almacenar la alabanza. *Ahora* es el momento de alabar al Señor.

El escritor del Salmo 42 se halló con el síndrome del "domingo pasado": "Me acuerdo de estas cosas . . . de cómo yo fui con la multitud, y la conduje hasta la casa de Dios, entre voces de alegría y de alabanza del pueblo en fiesta. ¿Por qué te abates, oh alma mía?" (Salmo 42:4-5). En esencia decía: "El domingo pasado estuve cantando y gritando con más fuerza que todos, tocando la pandereta, y dirigiendo al pueblo de Dios en las alabanzas. El culto de adoración de la semana pasada fue glorioso, Señor; pero, ¿qué pasa esta semana? ¿Por qué estoy tan malhumorado e indispuesto?" ¿No ha experimentado el lector que al salir de uno de esos éxtasis con Dios, se encuentra en una depresión emocional? Si ese es el caso, no es el tiempo para apoyarse en la experiencia pasada y pensar: "Pagué mi deuda la semana pasada." Es el momento para decir con el salmista: "Aún he de alabarle."

Las Escrituras hablan del levantarse temprano a bendecir al Señor (Salmo 57:8). La Biblia también menciona la alabanza al Señor tarde por la noche (Salmo 119:62). Los levitas de la época de David servían delante del Señor veinticuatro horas al día. Esos músicos "de día y de noche estaban en aquella obra" (1 Crónicas 9:33). Imagine estar en el turno de medianoche con el deber de ofrecer alabanza continua delante del Señor. Aquellos hombres ciertamente sabían lo que significa alabar al Señor. El Señor ha llamado a sus hijos, en calidad de sacerdotes del Nuevo Testamento, a que "ofrezcamos siempre a Dios . . . sacrificio de alabanza" (Hebreos 13:15), lo cual se hace posible por la plenitud del Espíritu Santo.

El meollo del asunto es que hay que alabar al Señor en todo tiempo (Salmo 34:1). No importa la hora del día, ni dónde se encuentre uno, siempre es conveniente bendecir al Señor.

¿Es apropiado alabar al Señor en la adversidad, cuando todo sale mal? La respuesta se hace oír: ¡Sí! El profeta Habacuc del Antiguo Testamento dio su remedio para cuando todo sale mal:

> Aunque la higuera no florezca,
> Ni en las vides haya frutos,
> Aunque falte el producto del olivo,
> Y los labrados no den mantenimiento,
> Y las ovejas sean quitadas de la majada,
> Y no haya vacas en los corrales;
> Con todo, yo me alegraré en Jehová,
> Y me gozaré en el Dios de mi salvación.
>
> Habacuc 3:17-18

Una traducción moderna de este pasaje podría ser así:

> Aunque la economía sea inestable,
> y el desempleo aumente,
> aunque el comunismo crezca,
> y el terrorismo abunde,
> aunque el auto falle
> y mi esposa se quede varada en el centro,

aunque mi hijo se rompa un brazo
y se agote el seguro médico,
aún me gozaré en el Señor,
estaré alegre en Dios mi Salvador.

No es hipocresía alabar al Señor en la adversidad; ese es precisamente el tiempo cuando hay que levantar la voz en alabanza a Dios. Es la voluntad de Dios que se ofrezcan acciones de gracias en todas las situaciones en que se encuentre el cristiano.

¿Dónde se debe alabar?

Si se ha de alabar al Señor en todo tiempo, se concluye que también se le debe alabar en todo lugar. Un versículo aun habla de alabar al Señor cuando se está en casa y en la cama (Salmo 149:5).

El Salmo 113:3 declara: "Desde el nacimiento del sol hasta donde se pone, sea alabado el nombre de Jehová." A primera vista esto parece significar que desde la alborada hasta el anochecer se debe alabar al Señor. Esa es una aplicación apropiada de ese texto, pero todavía hay otra manera de interpretarlo. Como el sol sale en el oriente y se pone en el occidente, este versículo declara que desde el oriente hasta el occidente, a través de todo el horizonte, se ha de alabar el nombre del Señor. Si se pudiera viajar bastante lejos para ir más allá del este o el oeste, se estaría en una tierra donde no se necesitaría alabar al Señor.

Las Escrituras ponen muy en claro que hay ciertos lugares donde la alabanza al Señor es apropiada. Parece que Dios da importancia primaria a la alabanza en la congregación de los santos. Parece complacerse de modo especial en las alabanzas de la congregación. Muchos versículos de los Salmos respaldan lo dicho (Salmo 22:22,25; 26:8,12; 27:4; 35:18; 68:24-26; 69:9; 107:32; 122:1).

Más adelante se tratará de los muchos beneficios que resultan de la alabanza a Dios en la congregación. Seguro que el Señor se complace en la unidad y la variedad características de la adoración congregacional. Hay un tipo especial de unidad cuando el pueblo de Dios levanta la voz con la misma melodía y palabras al unísono en alabanza a Dios. Con todo, hay lugar para mucha diversidad de expresión en la alabanza y la adoración congregacionales. Hay quienes sugieren que los adoradores se deben levantar y sentar, alzar las manos, aplaudir, hablar y cantar juntos, todo el tiempo. En ocasiones eso puede ser propio, pero el Espíritu de Dios inspira esa unidad, sin que uno tenga que exigirla. Con frecuencia, es muy conveniente que una amplia variedad de expresiones de alabanza y adoración asciendan simultáneamente.

El incienso usado en el lugar santísimo del tabernáculo de Moisés se componía de varias fragancias diferentes para producir lo que Dios deseaba. Como símbolo, esto demuestra que la variedad de la alabanza en la congregación le complace mucho a Dios. Algunos pueden estar de pie, otros de rodillas, algunos con las manos levantadas y otros danzando. Esto no es desorden, sino variedad ordenada.

Algunas personas no distinguen entre la *unidad* en el cuerpo de Cristo y la *uniformidad* con una norma establecida. Dios creó individuos con personalidad única, y el Señor se complace cuando cada uno le expresa lo que tiene en el corazón de conformidad con su personalidad. Al Señor no le agrada la uniformidad que se puede obtener sólo mediante el control y la manipulación sociales. Le complace la unidad que viene en el Espíritu, cuando todos se unen al Señor único en adoración y amor. De modo que hay que alzar la voz junto con los santos de la congregación, sin descuidar la asamblea, y unánimes magnificar y exaltar el nombre del Señor.

Otro lugar donde es especialmente conveniente cantar alabanzas a Dios es delante de todos los hombres y las naciones (Salmos 40:3; 96:3). Por estos y otros versículos se ve claro que la alabanza de Dios nunca fue exclusivamente para los oídos de los santos. Dios siempre se ha propuesto que su alabanza se declare delante de los incrédulos y el mundo, para que oigan hablar de las proezas de Dios y observen el canto de sus alabanzas gloriosas. El Salmo 40:3 expresa lo que pasa cuando a los pecadores se les confronta con las alabanzas de Dios: verán y temerán, y pondrán su confianza en el Señor.

¿Cómo se debe alabar al Señor?

Como se dijo antes, no se alaba al Señor de un modo particular, sino de la manera que Él quiere, como se ha expuesto en las Escrituras para beneficio de los creyentes. Con el examen de la Biblia se determina la manera como Dios quiere que se le alabe.

El *levantar de manos* es una forma común de alabanza hallada en numerosos pasajes de las Escrituras (Nehemías 8:6; Salmos 28:2; 63:4; 134:2; 141:2; 1 Timoteo 2:8; y otros). ¿Alguna vez se ha preguntado el lector por qué la Biblia dice que se alcen las manos hacia el Señor? Las siguientes son unas razones destacadas de por qué el Señor ha inculcado esa forma de alabanza en los creyentes.

Primero, hay que volver al tabernáculo del AT, donde Moisés se encontraba con Dios. Números 7:89 lo llama "el tabernáculo de reunión", donde Moisés y el Señor hablaban. Este versículo dice que el Señor le hablaba a Moisés "de encima del propiciatorio que estaba sobre el arca del testimonio, de entre los dos querubines". 1 Samuel 4:4 declara que el Señor Todopoderoso "moraba entre los querubines". Las alas de aquellos querubines se extendían sobre el arca del pacto con el propiciatorio, y las puntas de las alas se tocaban por encima. Cuando se alzan las manos al Señor, se puede imaginar ese acto como una representación moderna de esos querubines, siendo los brazos extendidos la contraparte de sus alas. Es allí, entre las alas de los querubines (las manos levantadas), donde el Señor dijo que se encontraría con los suyos. 1 Crónicas 13:6 habla de "Jehová Dios, que mora entre los querubines [del arca], sobre la cual su nombre es invocado". En tanto que los creyentes levantan las manos hacia Él y mencionan su nombre, Él les habla y se comunican.

Yo veía una segunda razón para levantar las manos en la manera como mi hijo me saludaba cuando todavía era muy pequeño. Cuando yo volvía a casa de la oficina, a la hora de la cena, él me saludaba junto a la puerta con las manos extendidas y una mirada que decía: "¡Levántame, papá!" Él quería que le diera un abrazo muy estrecho. De modo semejante, cuando extiendo las manos hacia el Señor, le digo: "Levántame, papá

Dios. Abrázame junto al corazón. Quiero estar cerca de ti."

Durante mi tiempo de oración privada, descubrí un tercer valor del levantamiento de las manos. Me di cuenta de que cuando tenía las manos levantadas hacia el Señor, podía concentrarme mejor en la tarea de la oración, y no se me distraía la mente en otras cosas impertinentes. A muchos les cuesta trabajo impedir las distracciones en los cultos de alabanza, y el levantamiento de las manos les ayuda a controlar esa tendencia.

Como cuarta consideración, pregúntese el lector lo que haría si alguien se le acercara por detrás, le pusiera un revólver en la espalda y dijera: "¡Manos arriba!" ¿Qué haría? Correcto. Levantaría las manos. El ladrón exige esa postura porque con los brazos levantados la persona queda en una posición vulnerable e indefensa. El boxeador baja los brazos al pecho para protegerse de su oponente. Al cruzar los brazos, se asume una posición de protección. Al levantar las manos, sin embargo, se le dice al Señor que se quiere abrir el corazón y la vida a su Espíritu Santo. Esta es una de las cosas más difíciles de hacer. Se aprende pronto a mantener a otros a distancia, y a seleccionar a los que de veras se les permite acercarse a uno. Si verdaderamente se quiere agradar al Señor en la alabanza y la adoración, hay que bajar las defensas y darle acceso a lo más recóndito del corazón. Muchas veces se puede saber qué tan abierta está la gente al Señor sólo con observar la posición del cuerpo, y si tienen los brazos cruzados o levantados hacia el Señor.

Por último, al levantar las manos se recibe simbólicamente todo lo que Dios hace en la vida del creyente. Así se indica la buena voluntad de aceptar y recibir todo lo que Dios tiene para sus hijos. Hay personas que se preguntan por qué pasan por tiempos difíciles y piensan que Dios es su enemigo. Estas personas necesitan extender los brazos para recibir la amable disciplina del Señor, descansando en la seguridad de que Él sabe más acerca de su situación que ellos mismos, y que Él obra en su vida para bien. Al extender los brazos hacia el Señor, el creyente demuestra cuánto lo anhela.

Otra forma común de alabanza en el cuerpo de Cristo hoy día es el *palmoteo*. Sólo un versículo, Salmo 47:1, en toda la Biblia habla directamente de gente que bate las manos o palmotea para alabar a Dios. (Hay algunas referencias a ríos que baten las manos y árboles que dan palmadas de aplauso [Salmo 98:8; Isaías 55:12]). ¿Es posible que la falta de referencias al palmoteo dé una indicación sobre la importancia y el valor relativos de esta forma de alabanza? El palmoteo en la alabanza es propio, pero tal vez se exagera a veces o se le da mucho énfasis. He estado en cultos de alabanza donde había mucho palmoteo y toque de panderos, pero cuando el palmoteo terminaba y se acababa el ruido, no quedaba nada. Era como "metal que resuena, o címbalo que retiñe". No había profundidad en la alabanza, era sólo ruido. Es importante que se una el palmoteo al corazón que asciende hacia el Señor porque, sin la participación del corazón, el palmoteo carece de significado. Al estudiar las formas hebreas de la alabanza, no se tiene la impresión de que el palmoteo fuera para llevar el compás. Más bien, tenía el propósito de ser sólo otra forma de "aclamar con júbilo" al Señor. Los hebreos hacían mucho ruido en sus expresiones de alabanza al Señor, y todavía es propio que se alabe a Dios con aclamaciones de júbilo. Cuando el corazón rebosa de alabanza a Dios, la reacción humana normal es dar expresión a esa alabanza con gritos de júbilo y palmoteo. Sin embargo, hay que tener cuidado de que la alabanza constituya más que sólo ruido y que sea una reacción profunda del corazón hacia Dios.

El AT está repleto de referencias al *toque de instrumentos musicales* en alabanza a Dios. Se han escrito panfletos y artículos para tratar de demostrar por qué no se debieran usar instrumentos musicales en las iglesias; los escritores de la mayoría de tales declaraciones procedían de un ambiente eclesiástico histórico donde se prohibía el toque de instrumentos. Casi se les tiene lástima a aquellos miembros del cuerpo de Cristo que han dejado que ideas aisladas al respecto les priven del gozo de la alabanza con instrumentos musicales.

Los que usan instrumentos musicales en la alabanza deben tener cuidado de no depender demasiado de ellos, a tal punto que cuando la música termine, cesen la alabanza y la adoración. La alabanza debe ascender a Dios aun cuando no se disponga de instrumentos; pero Dios ha ordenado el uso de instrumentos musicales para facilitar la alabanza. Al crear al hombre, le dio sensibilidad musical para reaccionar a la buena música, y ha mostrado que la respuesta debida a la música debe tomar la forma de alabanza. El AT demuestra que los instrumentos musicales son algo más que cosas que se tocan para acompañar la adoración, y que son en sí una alabanza a Dios (Salmo 150:3-5).

Otra forma de alabanza es la posición *de pie*. En el tabernáculo del AT Dios dio instrucciones explícitas para que se hicieran muchos muebles según ciertas especificaciones para ponerlos en el interior; pero no incluyó sillas. Los sacerdotes estaban de pie delante del Señor en la realización de su servicio. La posición de pie es una expresión apropiada de alabanza para los creyentes contemporáneos que son el sacerdocio del NT. Hay muchos versículos en la Biblia que muestran que estar de pie es una postura propia para la alabanza y la adoración (2 Crónicas 5:12; 7:6; 29:26; Salmo 135:2; Apocalipsis 4:9-11).

La posición de pie desempeña dos funciones importantes en la alabanza. La primera tiene que ver con el respeto. Cuando hay una reunión de dignatarios y entra el presidente del país, todos se ponen de pie por respeto a su posición. ¿Por qué, pues, cuando los hermanos se reúnen para celebrar la presencia del Rey de reyes se quedan sentados? En la escena de la adoración celestial de Apocalipsis, el Rey está sentado en el trono, y todos los demás están de pie alrededor. Él se sienta, y los creyentes se ponen de pie.

La segunda función de la posición de pie es para indicar que se pone atención. Sé que cuando me siento, mi capacidad de concentración tiende a disminuir. Se me neutraliza la mente y me pongo a divagar. Una variedad asombrosa de ideas puede aparecer en la mente cuando es el momento de orar o alabar al Señor. La mente es el campo de batalla de Satanás, quien se deleita en distraer al creyente de la adoración al ponerlo a pensar en preocupaciones y problemas. La exhortación es a "ni [dar] lugar al diablo" (Efesios 4:27), y el estar de pie puede ayudar a evitar las tácticas del diablo al mantener la mente alerta. Cuando la alabanza es vibrante y real, la gente no quiere sentarse; cuando el culto es lento y aburrido, todos quieren sentarse. El estar de pie va junto con la alabanza, porque cuando la congregación se levanta todos se sienten estimulados a permanecer alerta y contribuir al culto.

Las posiciones *de rodillas, inclinado y postrado* del creyente son muy a propósito en la alabanza o la adoración (Salmo 95:6; Apocalipsis 19:4). La forma más dominante de adoración que se ve en el cielo en Apocalipsis es la postración. Muchos himnos se refieren a la inclinación delante del Señor en adoración, pero es muy rara la iglesia que practica tal forma de adoración al cantar estos himnos. Es apropiado representar lo que se le dice al Señor. Si al cantar se menciona el levantamiento de las manos hacia el Señor, hay que hacerlo; si se canta sobre la inclinación y la postración delante de Él, entonces conviene hacerlo así.

Algunas iglesias se regocijan delante del Señor, pero muy rara vez parecen entrar a la dimensión del temor reverente en la presencia de Dios. Hay un versículo que une esos dos polos muy bien: "Servid a Jehová con temor, y alegraos con temblor" (Salmo 2:11). Todo el gozo y el regocijo deben fluir de una actitud de amor y temor delante del Altísimo.

El *canto* es probablemente la forma más común de alabanza que se emplea hoy día. Las Escrituras están tan llenas de admoniciones a que se cante al Señor que no citaré ninguna referencia aquí, pero los Salmos en particular abundan en ellas.

Alguien podría preguntar: "¿Por qué no expresar la alabanza hablando solamente? ¿Por qué hay que cantarla?" La respuesta está en la belleza de la música. Supóngase, por ejemplo, que en una congregación se rece: "Aleluya, aleluya, aleluya." Eso no beneficiaría mucho a nadie, ¿verdad? Ahora imagínese lo que pasa cuando se cantan esas palabras sencillas con la hermosa tonada bien conocida. El corazón se eleva al Señor, y el espíritu se conmueve en la presencia de Dios.

Esta es una experiencia ultrarracional en la que uno más uno es igual a tres, en la que las palabras más la música son igual a algo más que palabras y música. Las palabras de la canción pueden ser muy significativas, pero cuando van acompañadas de la melodía embellecedora, el mensaje de la canción se puede expresar con mucho más significado. Dios ha dado la música como regalo muy especial, pues sabe cuánto ayuda a levantar el corazón del creyente en alabanza a Él.

Se debe alabar al Señor en forma *audible*. La alabanza no es alabanza hasta que se exprese en voz alta (Salmo 26:7). Cuando le enseñábamos a nuestro hijo Joel a ir al baño, lo alabábamos como refuerzo positivo para indicar la satisfacción que nos daba su uso del inodoro. Si tan sólo lo hubiéramos mirado pensando en su desempeño, se hubiera quedado en pañales mucho más tiempo. Al expresar nuestra admiración, invocamos el instrumento de la alabanza y él respondió de modo favorable. En realidad no se alaba al Señor hasta que se alabe en voz alta. Lo que se piensa de Dios debe ser audible antes que se considere alabanza.

La alabanza debe ser manifiesta. La alabanza que no es audible, debe ser visible. La alabanza puede ser hablada, o se puede expresar por los movimientos del cuerpo. Por eso la *danza* es una forma apropiada de alabanza. Algunas personas consideran que la danza no es una forma válida de alabanza, pero un vistazo a cualquier concordancia demuestra que la danza se encuentra en varias partes de las Escrituras, por ejemplo, en Éxodo 15:20-21; 2 Samuel 6:14-16; Salmos 30:11; 149:3; Hechos 3:8.

El valor de la danza está en la acción física que exige. Requiere que se pongan a un lado las inhibiciones y se haga uso de todo el cuerpo. El apóstol Pablo hizo una declaración que aclara esta verdad. Dijo: "No vino primero lo espiritual sino lo natural, y después lo espiritual" (1 Corintios 15:46, NVI). Primero es lo natural, luego lo espiritual. Se debe iniciar una acción física para conocer una acción espiritual subsecuente. La meta es la acción en el espíritu, pero a veces no se logra hasta que se ponga en acción el cuerpo; de allí el valor del levantamiento de las manos, la inclinación, la danza, etcétera.

El Señor dice que hay que amarlo de todo corazón, alma, mente y fuerzas (Marcos 12:30). ¿Cuántos han deseado poder expresar su amor al Señor de manera más abundante, incluso con todas las fuerzas? La danza es un medio para lograrlo. David danzaba delante del Señor con mucho ánimo porque era la única manera de poder dar completa expresión al corazón. Si alguien quiere alabar al Señor con toda su fuerza en la congregación, no se debe acostar en el suelo y hacer flexiones de pecho, pues esa no es la forma bíblica de alabar a Dios con toda la fuerza, pero la danza sí. El hombre es una criatura muy física, y el Señor se complace cuando los creyentes lo alaban con todo su ser: espíritu, alma y cuerpo.

Algunos pastores temen permitir la danza en sus iglesias porque creen que se perderá el control; pero ¿hasta dónde los ha puesto la conservación de tradiciones en el pasado? Es más fácil contener a un fanático que levantar un cadáver. A demasiados santos de Dios se les ha impedido la entrada a una experiencia más profunda en el Señor, sólo porque los pastores no estaban dispuestos a iniciar una acción física. Tengo una advertencia fuerte para los que no danzan o quisieran desanimar a los que lo hacen: Cuídense de lo que dicen en contra de la danza. Si Dios está en ella, nadie prosperará hablando mal de ella. Hay que aprender la lección de Uza, quien tocó el arca de Dios y murió. Hay que tener cuidado de no tocar nada que sea de Dios, porque algo morirá en el espíritu del que trate de detener lo que Dios hace.

La danza no tiene valor en sí, pero la acción espiritual que puede producir es valiosa. Por lo general, si el creyente se abstiene de acciones físicas delante del Señor, es una señal de que también se abstiene de acciones espirituales delante de Él. La intervención de Dios se ve impedida por las reservas del espíritu. Si el creyente retiene la alabanza en el corazón, limita el movimiento de Dios en medio de él; pero si quita los impedimentos físicos y es bastante sencillo para danzar delante del Señor con todas sus fuerzas, descubrirá que las barreras espirituales también desaparecerán, y Dios tendrá mayor libertad de acción en él.

La *aclamación* también es una forma de alabanza. Las Escrituras exhortan a "aclama[r] a Dios con voz de júbilo" (Salmo 47:1). (Véanse los Salmos 66:1; 81:1; 95:1-2; 98:4-6; 100:1). La palabra hebrea *hilel*, de donde procede "aleluya", significa "gritar en voz alta o dar un grito, especialmente un grito de alegría".

Los israelitas eran famosos en Canaán por su grito de combate. Cuando alzaban la voz para gritar, el enemigo comenzaba a temblar de miedo. Ellos sabían bien lo que el grito representaba y cómo, comenzando en Jericó, ese grito de batalla inició la victoria de Israel. Era un grito de alabanza. Es un triste día para la iglesia cuando el grito de alabanza ya no se oiga.

El *hablar en lenguas* es una manera hermosa de alabar al Señor. Cuánto se aprecia el precioso don del bautismo del Espíritu Santo que Jesús le dio a su Iglesia, junto con la señal del hablar en lenguas. El creyente halla una liberación muy grande cuando puede expresar sus alabanzas al Señor, directamente de su espíritu a Él. Los que todavía no han tenido la experiencia de hablar en lenguas deben desearla de veras. La alabanza carecerá de cierto dinamismo y flujo hasta que el creyente conozca la bendición de la alabanza en otras lenguas bajo la dirección del Espíritu.

No importa cuándo, dónde ni cómo se alabe al Señor, hay que alabarlo con todo el ser (Salmo 103:1). En Marcos 12:30 Jesús destacó el mandamiento más importante de todos: "Amarás al Señor tu Dios con todo tu corazón, y con toda tu alma, y con toda tu mente y con todas tus fuerzas." Este es el pináculo de la alabanza: amar y alabar a Dios con todas las fuerzas del ser completo del creyente.

A menudo, al cantar el Salmo 103:1, he observado personas que cantan sin convicción las palabras: "Y bendiga toda mi ser su santo nombre." Ya es hora de que se deje de usar expresiones gastadas en la alabanza, y se comience a reforzar las palabras con movimientos físicos que reflejen el corazón rebosante de alabanzas. En esto se resume la alabanza, en que se haga con todo el ser.

Capítulo 2

La entrada a la presencia de Dios

E l corazón que desea a Dios, naturalmente desea también acercarse a Él; quiere estar en su presencia. De modo que una de las prioridades más importantes de los creyentes es congregarse con otros santos con el propósito de encontrarse con Dios. ¿Cuál es el modo apropiado para que la congregación entre a la presencia de Dios? ¿Se debe comenzar con cantos de alabanza rápidos batiendo palmas, o venir con reverencia y cantando himnos lentos de adoración? ¿Hay normas bíblicas al respecto?

Cuando se habla de entrar "a la presencia de Dios", hay que recordar que hay manifestaciones variadas de su presencia. Hay que considerar por lo menos tres niveles. El primero es que Dios es omnipresente; su presencia está en toda parte, todo el tiempo. Este es un aspecto muy general de su presencia. El segundo es que Jesús dijo que donde haya dos o tres reunidos en su nombre, allí está Él en medio de ellos (Mateo 18:20). Esta es una manifestación más particular de su presencia. Y el tercero, en 2 Crónicas 5:13-14 se da un relato de cuando la nube de gloria llenó el templo de Salomón cuando los cantores y músicos levantaron el corazón en alabanza a Dios. Esa nube de gloria (la presencia de Dios) llenó de tal manera el lugar que los sacerdotes no podían ni ponerse de pie para realizar el culto. De veras, esa fue una manifestación muy especial de la presencia de Dios, y ese es el mismo tipo o esencia de manifestación que la Iglesia busca hoy día.

El problema de esta última declaración es que muchos creyentes quedarán insatisfechos con sus cultos de adoración hasta que vean una nube de verdad en la iglesia. Tal actitud no agrada al Señor, porque en esencia dirían: "No estamos contentos, Señor, amándote de la manera que lo hacemos. Nos sentiremos realizados en nuestro amor por ti cuando veamos la nube de tu presencia en el santuario." El Señor quiere que lo amen ahora por ser quién es. La lección que esto enseña es muy significativa. Cuando esa nube llenó el templo, la gente y los sacerdotes no podían ver a nadie ni nada alrededor, porque todo lo que les era visible era la presencia del Señor. Y para los creyentes contemporáneos, la meta de su adoración debiera ser que lleguen al punto donde no vean a nadie ni nada alrededor de ellos, sino que queden completamente absortos en Dios. Ese es el objetivo supremo de la adoración, ver sólo al Señor. No hay mayor realización, ni la habrá nunca.

El acercamiento a la presencia de Dios

La mayoría de los versículos bíblicos que contienen alguna clave en cuanto al modo general de los israelitas en la época de David dan la impresión de que se presentaban ante el Señor con cantos de celebración y alabanzas. Los siguientes pasajes hablan de la entrada a la presencia de Dios con alabanzas: "Lleguemos ante su presencia con alabanza; aclamémosle con cánticos" (Salmo 95:2); "Servid a Jehová con alegría; venid ante su presencia con regocijo. . . Entrad por sus puertas con acción de gracias, por sus atrios con alabanza" (Salmo 100:2,4). (Véanse también los Salmos 42:4; 45:13-15; 68:24-26; Isaías 30:29; 35:10).

Otros textos bíblicos parecen indicar que la adoración es la expresión adecuada para los que entran a la casa del Señor. Considérense los siguientes pasajes: "Dad a Jehová la honra debida a su nombre; traed ofrenda, y venid delante de él; postraos delante de Jehová en la hermosura de la santidad" (1 Crónicas 16:29; Salmo 96:8). "Mas yo por la abundancia de tu misericordia entraré en tu casa; adoraré hacia tu santo templo en tu temor" (Salmo 5:7). "Entraremos en su tabernáculo; nos postraremos ante el estrado de sus pies" (Salmo 132:7). (Véase también Eclesiastés 5:1-2). Entonces, ¿cuál es la manera adecuada? ¿la alabanza o la adoración? ¿Hay una fórmula para los cultos?

No, no hay fórmula para lo que se llama el "culto de adoración". Se puede comenzar con cantos rápidos de alabanza y acción de gracias, o con himnos lentos de adoración. Según las evidencias bíblicas, se podría decir que es más común llegar ante el Señor con cantos de alabanza, pero hay que desechar la idea de que haya una fórmula para dirigir cultos de adoración como, por ejemplo, comenzar con cantos de alabanza rápidos y animados, y luego pasar a himnos de adoración, más lentos.

Algunos cultos tendrán ese orden invertido; otros sólo cantos lentos, o sólo cantos rápidos. Las Escrituras no dan un modelo rígido para la adoración por la sencilla razón de que Dios no quiere que se tenga una fórmula para los cultos. Si Dios tuviera un rito o patrón apropiado, entonces se lo habría dado a la Iglesia. Jesús dejó en claro que la adoración no ha de ser la ejecución de un rito ni una fórmula sino un asunto del espíritu (Juan 4:23-24). El punto central es este: No importa cuál sea el método, el Señor busca a los que vengan a Él en espíritu y verdad, cuyo corazón lo anhele con diligencia.

No hay una manera "correcta" ni "incorrecta" de entrar a la presencia del Señor; sólo hay la manera de Dios. Y su manera es probablemente diferente cada vez. El líder de la adoración debe tener una profunda vida de oración y cultivar la sensibilidad al Espíritu de Dios para discernir lo que Dios quiere en cada culto.

La adoración individual comparada con la congregacional

Las Escrituras parecen diferenciar entre el acercamiento de un solo adorador al Señor y la presentación de la congregación ante el Señor. La adoración individual es muy diferente de la congregacional, y así debe ser el acercamiento. Al escribir acerca de la adoración, muchos autores han sugerido que Isaías 6 da un bosquejo de la adoración congregacional. El problema de esa idea es que aquel fue un encuentro especial de Isaías con Dios, de *un individuo* con su Dios. Quizás Isaías 6 informe sobre la vida devocional privada, pero dudo que se pueda considerar como patrón para la adoración congregacional. Esos autores señalan la indignidad completa que Isaías sintió en la presencia de Dios y pasan a decir que la adoración debiera ir precedida de arrepentimiento. Hay ocasiones cuando el arrepentimiento es muy apropiado para la adoración, pero esa es la excepción y no la regla. El Salmo 100 sería un buen capítulo para obtener información sobre el acercamiento al Señor. Es una referencia clara a la adoración congregacional.

También se debe tener en cuenta que la alabanza no es tanto la venida de Dios a la presencia de los creyentes como la entrada de éstos a la presencia de Él (Salmos 100:4; 150:1).

Si se tiene un "mal" culto de adoración, lo primero en que se piensa es que se necesita la presencia de Dios. El hecho es que Dios ya está allí, lo que se necesita es hacer algo para ascender hasta el Señor en el corazón. Dios nunca es el problema, pues siempre está listo; siempre que haya un problema, está en la congregación.

Quizás se debe considerar de nuevo el Salmo 22:3: "Pero tú eres santo, tú que habitas entre las alabanzas de Israel." A base de este versículo, algunos han pensado que la alabanza da acceso a la presencia de Dios. Se han expresado así: "Sabemos producir la presencia de Dios." Ciertos cristianos bien intencionados enseñan que se puede tener la presencia de Dios en las iglesias si tan sólo se le alaba. Cuando no se percibe la presencia de Dios, si tan sólo se le alaba, Él descenderá y se unirá al culto. Si todavía no se percibe su presencia, hay que alabar con más intensidad, volumen y sinceridad. (Eso casi se parece a la actitud de los sacerdotes de Baal que se cortaban en su esfuerzo por invocar la buena voluntad de su dios.) Ellos interpretan que este versículo dice que Dios vendrá y morará con los que le alaben.

Hay que tener en cuenta otra interpretación de ese versículo. Es cierto que Dios habita en la alabanza de los creyentes, en el sentido de que le agradan sus alabanzas y se rodea de ellas, se deleita en ellas y las disfruta. Se le declara como Rey en la alabanza que proclama su reinado y señorío a un mundo que no lo reconoce como Señor. Al cantar, se les da testimonio a los paganos (y a los santos, también) de su señorío, y así se le entroniza con la alabanza.

Esta última interpretación vería ese versículo como condicional: "Si alabamos, podemos estar seguros de la presencia de Dios." Sin embargo, no se puede obligar ni inducir la presencia de Dios. Es una idea pagana creer que sí. La alabanza no halaga a Dios para obtener sus favores. Él no está condicionado a la alabanza. Una vez oí a alguien que alababa a cierto director del culto de adoración y decía: "Él de veras sabe traer la presencia de Dios a la congregación." Estoy seguro de que el hermano a quien se refería es un director excelente pero, no obstante, no tiene la capacidad para traer la presencia de Dios a la congregación. Los brujos intentan hacer tal cosa, pero a Dios no se le mueve con brujería. El director del culto de adoración no puede producir la presencia de Dios, pero tal vez tenga la capacidad especial de guiar al pueblo de Dios en su ascenso al monte de Sion, el tabernáculo eterno de Dios.

El Salmo 132:13-14 da una explicación más precisa de la manera como Dios habita en las alabanzas de su pueblo: "Porque Jehová ha elegido a Sion; la quiso por habitación para sí. Este es para siempre el lugar de mi reposo; aquí habitaré, porque la he querido." Aquí el Señor dice que ha decidido manifestar su presencia en Sion, y mora allí ahora y para siempre. No habita en Sion sólo cuando se le alaba; Sion es su residencia permanente. Ya está en la congregación, y siempre será entronizado en Sion cuando se le alaba. No es una condición, sino un hecho.

La responsabilidad del adorador

La mayoría de los cristianos asisten a la iglesia no para contribuir sino con el propósito de beneficiarse lo más posible del culto. De conformidad con esa actitud, se espera que los pastores y líderes del culto de adoración vean que todos los componentes del culto fluyan juntos de manera cohesiva y significativa. Algunos dicen: "Ese es el trabajo del pastor, para eso lo empleamos." Si algo sale mal, se le echa la culpa al pastor o al director de adoración, y ambos se enterarán de ello con toda probabilidad. Se ve, pues, que la responsabilidad del culto cae sobre los hombros de los que están en la plataforma, y los individuos de la congregación quedan relativamente libres de sentir cualquier responsabilidad por el culto. Pero si se cree, de veras, que todos los cristianos son miembros activos del sacerdocio del NT, que todos son ministros delante del Señor, entonces se debe aceptar la responsabilidad del papel de los creyentes como ministros en la congregación.

La principal responsabilidad de todo adorador es *ministrar al Señor*. La Biblia dice: "Alabad a Dios" (Salmo 150:1). La responsabilidad de alabar y adorar no descansa en el pastor ni el líder de la adoración, sino en todas las personas que presenten un "sacrificio de alabanza" individual al Señor.

Cada uno también tiene la responsabilidad de *prepararse para la adoración*. Una buena manera de hacerlo es levantarse temprano el domingo y pasar algún tiempo en oración y alabanza. La oración y la meditación pueden ser un hermoso preludio del culto de adoración. Al llegar al santuario, es en ocasiones apropiado pasar algún tiempo en oración en vez de hablar con otras personas. Se debe ir al culto de adoración con el corazón en comunión con el Espíritu de Dios.

Una manera excelente de prepararse para la adoración es confesar cualquier pecado conocido que se haya cometido antes de llegar al culto. Si al principio del culto uno no trata de ponerse en buena relación con Dios, puede perder momentos preciosos que se podrían pasar en alabanza u adoración enérgicas. Cuando David, después de su pecado de adulterio con Betsabé, se puso en buena relación con Dios, confesó: "Porque yo reconozco mis rebeliones, y mi pecado está siempre delante de mí" (Salmo 51:3). Él trataba de adorar al Señor de todo corazón, pero ese pecado se le presentaba en la mente una y otra vez, y sentía que se le había enfriado el corazón hacia el Señor. El que trata de vivir con un pecado no confesado, sabrá también que el pecado se le presenta cuando quiere adorar al Señor. Se puede evitar el plan del enemigo para distraer al creyente de la adoración si se arrepiente antes, recibe el misericordioso perdón de Dios, y rechaza la condenación.

El creyente tiene la responsabilidad de *dedicarse a la oración* por el culto con anticipación. El doctor Judson Cornwall ha dicho que la oración es para el creyente lo que la comunicación es para el matrimonio, es decir, algo absolutamente indispensable. Define la oración como la comunicación con Dios y sugiere que el santo que no ora nunca adora.

Jesús dio un principio que se aplica aquí: Donde está tu tesoro, allí estará tu corazón (véase Mateo 6:21). Si uno se dedica con diligencia a la oración por el culto de adoración, se asombrará de su nivel de interés y participación en el culto. Si se dedica tiempo a orar por el culto, se esperará el beneficio subsecuente de esa inversión de tiempo, y se estará listo para participar y contribuir a que el culto sea una reunión gloriosa.

También hay que *frecuentar el lugar de adoración.* Las Escrituras exhortan a que los santos no dejen de reunirse (Hebreos 10:25). Todos los creyentes necesitan la fuerza y el ánimo que se recibe de la comunión con otros miembros del cuerpo de Cristo. Los creyentes son sólo partes pequeñas del cuerpo; de manera que, solos y separados de ese cuerpo, se mueren, espiritualmente hablando.

Al entrar en la presencia de Dios, los fieles no deben venir solamente para recibir algo, sino más bien para *traer una ofrenda* (Salmo 96:8). En vez de venir a ver cuánto se puede recibir de Dios, hay que proponerse a darle algo a Dios, a servirle y bendecir su nombre. El creyente tiene la responsabilidad de venir con una ofrenda, pero eso incluye mucho más que una contribución monetaria. Hay que entrar en la presencia de Dios ofreciendo un sacrificio de alabanza, y se debe estar dispuesto a ofrecerse para ministrar a otros hermanos, como el Espíritu Santo dirija. Dios ama a los dadores que vienen a la congregación con la intención de contribuir.

El Salmo 66:2 da a todos un mandamiento: "Poned gloria en su alabanza." Eso requiere que se *invierta energía.* ¿Ha estado el lector alguna vez en un culto de alabanza insatisfactorio? Los instrumentistas no llevaban el mismo compás; parecía que el pastor recitaba el sermón en la mente; los ujieres se habían retirado a algún lugar del atrio; la mitad de la congregación trataba de usar la energía que se le agotaba pronto, mientras el resto de la gente ya se había desentendido del tiempo de alabanza. En efecto, la mayoría de las iglesias tiene de vez en cuando un culto de alabanza deficiente. ¿Sucede eso porque a Dios le gusta retirar a su Espíritu y dejar a los creyentes en suspenso?

No, la causa del problema no es Dios sino los creyentes. El énfasis del Salmo 66:2 es que se ponga gloria en su alabanza. Las alabanzas no son gloriosas en sí. La alabanza no es una varita mágica que cuando se mueve garantiza un culto glorioso. Si el creyente no invierte ningún esfuerzo, pasará por alto un excelente secreto de la alabanza. Las alabanzas gloriosas se convierten en el dominio de los que ponen gloria en la alabanza. El cristiano sirve a un Dios maravilloso que merece la cantidad más gloriosa y hermosa de celebración y alabanza que se le pueda dar. La alabanza no es la respuesta de los que han esperado una lluvia celestial, sino que la inician los que se acercan a Dios con un sacrificio espiritual.

También tienen los creyentes la responsabilidad de tener *motivación propia en la alabanza y la adoración*. Ben Patterson ha dicho que a Dios no lo impresionan, en lo más mínimo, los adoradores que son solamente espontáneos. Muy cierto. Los adoradores espontáneos son los que saben alabar y adorar cuando lo desean solamente. A todos les gusta la adoración espontánea cuando es fácil levantar el corazón hacia el Señor, pero si funcionan a ese nivel solamente, no han aprendido la disciplina del verdadero adorador. Algunos creyentes están siempre a la espera de que el líder de adoración los estimule a la adoración involuntaria. Un fruto del Espíritu es el control de sí mismo, y si más individuos lo ejercieran en la adoración y tuvieran motivación propia para alabar a Dios, tal vez menos líderes de la adoración usarían técnicas de control de multitudes para producir una reacción. El verdadero adorador alaba en todas las oportunidades que se le presenten y no requiere del estímulo del pastor ni del líder de adoración para alabar al Señor.

Después de su resurrección, Jesús encontró a dos discípulos camino de Emaús y les dijo: "¡Oh insensatos, y tardos de corazón para creer todo lo que los profetas han dicho!" (Lucas 24:25). Cuando los llamó "tardos de corazón", no los alabó. No es recomendable ante el cielo que se conozca al creyente como "lento" en la alabanza y la adoración. Se es lento porque se es tardo de corazón. Hay creyentes como aquellos discípulos, y el Señor les dará un regaño semejante. Hay que agitar el alma a la hora de alabar al Señor. Los creyentes deben motivarse a la alabanza y entrar con entusiasmo al culto de adoración.

Hay que hacer algo más que cantar. Los Salmos exhortan a "cantar alabanzas a Dios". El solo hecho de cantar canciones no constituye necesariamente cantar alabanzas. Es posible cantar sin poner todo el corazón en ello. La responsabilidad del creyente es *convertir las canciones en una alabanza del corazón* a Dios.

El creyente también debe *adorar a pesar de las distracciones*. Es fácil culpar a otros por la falta de alabanza de uno: "El líder de adoración no fluye con el Espíritu de Dios hoy." "¿Qué hace el pastor? Parece que no disfruta nada del culto de adoración." "Hombre, qué nota tan mala dio el piano." "¿Cuándo van a llevar el compás juntos el tambor y el pianista?" "Este líder de adoración parece que no sabe lo que hace."

Hay mil y una razones por las cuales no se alaba a Dios. Sin embargo, la responsabilidad de la alabanza debe inevitablemente volver a los creyentes. Dios nunca dijo que lo alabaran "si les gusta el estilo del líder de adoración", o "cuando se cante la canción que más les guste". ¿Qué dice la Biblia? "Bendeciré a Jehová en todo tiempo" (Salmo 34:1), aun cuando el líder de adoración esté desentonado, el pianista no conozca la canción y el tambor sea muy áspero. Esto viene como amonestación a todos los adoradores: No dejen que los distraigan los esfuerzos sinceros, pero deficientes, de los músicos o los líderes. Tal vez el creyente tenga razón en el análisis de sus deficiencias, pero se privará del privilegio de bendecir al Señor.

Los creyentes deben *ser adoradores toda la semana*. El adorador no disfruta de la adoración sólo los domingos en la congregación; su vida es de alabanzas y adoración continuas a Dios veinticuatro horas al día. Una vez que se ha aprendido esa vida de adoración durante la semana, es fácil reunirse en la congregación y alabar a Dios. Cuando los adoradores se reúnen, la alabanza asciende de inmediato. Si el nivel de la alabanza en la congregación es bajo, se puede estar seguro de que el problema es que los creyentes no han aprendido a vivir alabando durante la semana. El llamado es a algo más que visitar solamente la casa del Señor. Las Escrituras dicen: "El que habita al abrigo del Altísimo morará bajo la sombra del Omnipotente" (Salmo 91:1). Hay que permanecer en su presencia de continuo.

Es fácil confundir la *adoración* con *ser adorador*. Sólo porque alguien adore, no significa necesariamente que es adorador. Casi cualquier persona puede adorar según la ocasión, pero relativamente pocos parecen manifestar la cualidad de vida del adorador. Cuando Dios pide que el creyente sea adorador todos los días, no pide que se dedique sólo a cantar alabanzas toda la semana. Él sabe que sus hijos deben hacer otras cosas además de vocalizar la adoración; pero Dios sí pide que vivan como adoradores los siete días de la semana. Cuando el creyente adopta esa clase de vida, se da cuenta de que con frecuencia surge un canto de alabanza de su interior. Descubre que todo lo que hace de veras constituye un acto de adoración al Señor, pues sus actividades diarias son una expresión de su dedicación a Dios.

El sacrificio de alabanza

Muchas veces cuando el creyente se presenta delante del Señor, le es fácil elevar el corazón en alabanza, pero hay otras veces cuando no es fácil presentar la alabanza, y es lo último que se quiere hacer. En tales ocasiones, se hace necesario ofrecer un "sacrificio de alabanza".

Esta expresión se toma de Hebreos 13:15: "Así que, ofrezcamos siempre a Dios, por medio de [Cristo], sacrificio de alabanza, es decir, fruto de labios que confiesan su nombre." Pedro dijo que los cristianos son un sacerdocio espiritual que presenta sacrificios espirituales al Señor (1 Pedro 2:5). Los Salmos también se refieren a los "sacrificios de alabanza" y "sacrificios de júbilo" (véanse Salmos 27:6; 54:6; 107:22; 116:17).

El NT usa la palabra "sacrificio" como contraparte de los sacrificios originales del templo. Aun en el AT, el Señor aclaró, en los Salmos y los libros proféticos, que no esperaba sólo sacrificios de animales sino también los sacrificios del corazón. La ley mosaica demandaba sacrificios de animales, y fue mientras todavía estaban bajo el viejo orden que David escribió inspirado: "No quieres sacrificio, que yo lo daría; no quieres holocausto.

Los sacrificios de Dios son el espíritu quebrantado; al corazón contrito y humillado no despreciarás tú, oh Dios" (Salmo 51:16-17). Hoy día los creyentes ofrecen el cumplimiento del tipo del AT: los sacrificios de alabanza.

El sacrificio incluye algo costoso, la ofrenda de algo muy querido, lo cual se ilustra de modo hermoso en 1 Crónicas 21. Satanás había incitado a David a contar a los hijos de Israel, y como David lo hizo de modo que desagradó al Señor, Dios castigó a la nación. El Señor envió una plaga a Israel y murieron setenta mil personas. Cuando el ángel exterminador llegó a la era de Arauna, Dios le dijo: "Basta ya; detén tu mano" (v. 15). Entonces el ángel le ordenó a David que edificara un altar al Señor en la era de Arauna, en el lugar preciso donde el ángel dejó de matar a más israelitas. David se acercó a Arauna para comprar el sitio con el propósito de hacer su sacrificio al Señor, pero Arauna dijo que quería regalar el sitio del altar a David, junto con los bueyes y la madera para el holocausto. Obsérvese la respuesta de David: "No, sino que efectivamente la compraré por su justo precio; porque no tomaré para Jehová lo que es tuyo, ni sacrificaré holocausto que nada me cueste" (v. 24).

El sacrificio no lo es si no cuesta nada. Muchas veces el creyente cree que ofrece un sacrificio de alabanza cuando, en efecto, alaba sólo porque siente deseos de hacerlo. En el AT, el sacrificio requería la muerte del animal. El sacrificio en el NT también demanda del creyente la muerte a su comodidad, a sí mismo y sus deseos.

El costo de la alabanza

La alabanza no es un género gratuito. Los que la practican deben pagar su precio. Primero, se requiere energía. A veces el creyente está cansado después de una semana completa de trabajo duro, y viene a la iglesia el domingo por la mañana para descansar. No siente deseos de alzar las manos ni ponerse de pie por demasiado tiempo, pues no tiene energía para ello. En tal ocasión, es conveniente ofrecer un verdadero sacrificio de energía y bendecir al Señor con el corazón, el alma, la mente y la fortaleza personal.

Segundo: El costo de la preparación. A veces el creyente siente la necesidad de recibir purificación y renovación para ser más libre en la presencia de Dios: "¿Quien subirá al monte de Jehová? ¿Y quién estará en su lugar santo? El limpio de manos y puro de corazón" (Salmo 24:3-4). Este pasaje muestra que el Señor exige pureza a sus servidores. Si de veras el creyente quiere servir al Señor de modo íntimo, primero debe purificarse de corazón mediante el arrepentimiento y la confesión.

Tercero: El costo del tiempo. ¿Tiene mucha importancia el tiempo? ¿Hay suficiente tiempo en el día para hacer todo? Creo que el tiempo es lo que más aprecio. Si alguien me pide dinero, tal vez lo dé con un poco de remordimiento; pero si me piden dos horas de mi tiempo, vacilo antes de responder porque lo considero algo precioso. La vida de alabanza demanda el sacrificio de tiempo. No siempre se puede entrar a la presencia del Señor y salir aprisa; hay veces cuando es necesario quedarse y tener comunión con Dios por un rato.

El "sacrificio de alabanza" no es la experiencia de algo divertido. Tal vez sea divertido el canto, pero cuando llega el momento de ofrecerlo, el sacrificio costará algo. Con todo, forma parte integral de la vida de alabanza y la permanencia en la presencia de Dios. Se da una solemne advertencia al creyente: "¡Ay de los reposados en Sion . . . !" (Amós 6:1). Que la congregación de los creyentes no sea complaciente, sino esté entre los que están dispuestos a animarse a ofrecer un sacrifico de alabanza en medio de circunstancias adversas.

La actitud del creyente hacia la alabanza y la adoración y su participación en ellas son las claves para entrar a la presencia de Dios. Se presenta la alabanza sin motivos ulteriores, ni la intención de obligar a Dios a venir al creyente. En su presencia hay plenitud de gozo. La alabanza también se convierte en arma poderosa contra el enemigo del alma.

Capítulo 3

La alabanza como arma para la lucha espiritual

El Nuevo Testamento enseña, sin lugar a dudas, que el cristiano se encuentra en una verdadera lucha espiritual. Dice que lucha contra principados y potestades que habitan en la atmósfera que lo rodea. Además, se insiste en que el cristiano se vista con la armadura de Dios, para que pueda resistir bien los ataques del maligno (Efesios 6:10-18).

Las victorias espirituales se ganan con una variedad de métodos, tales como la oración intercesora o la confesión de la Palabra de Dios. Hay también otra arma para la lucha espiritual a disposición los cristianos, a la cual se le da ahora consideración más seria, y es la alabanza.

Cuando se habla de la alabanza, se hace referencia a una amplia gama de temas. Cuando se trata de la lucha, hay también muchos campos diferentes que se pueden tratar. En este capítulo se limita el tema a lo que tienen en común la alabanza y la lucha espiritual cuando la alabanza se convierte en arma.

La base bíblica de la lucha por medio de la alabanza

Este tema se puede hallar en todas las Escrituras, comenzando con Éxodo. Imagine el lector la escena después que los israelitas cruzaron el Mar Rojo. El ejército egipcio se acababa de ahogar en las aguas arremolinadas, y el pueblo de Dios estaba a salvo en la otra orilla. María tomó una pandereta y dirigió a las mujeres en el canto (Éxodo 15:1). En aquella ocasión, Moisés y todo Israel cantaron un canto excelente de triunfo dedicado al Señor, y dentro de ese canto hay una revelación emocionante: "Jehová es varón de guerra; Jehová es su nombre" (Éxodo 15:3). Después de ver cómo Dios había tratado a Faraón y su ejército, los israelitas se dieron cuenta de que habían visto en acción a un gran estratega militar.

A Josué se le dio una revelación semejante del carácter de Dios. Cuando estaba listo para dirigir a Israel en la entrada a Canaán para conquistar Jericó, se le apareció un hombre con una espada desenvainada (Josué 5:13-14). El Señor era entonces un guerrero, y todavía es el Comandante Supremo de los ejércitos celestiales.

Alguien podría replicar que esa fue una revelación "primitiva" de Dios y que Él se ha seguido revelando a través de la historia de manera progresiva, y ahora se le conoce como el Padre celestial, amable, misericordioso y bondadoso. Es cierto, pero Él también es el mismo ayer, y hoy y por los siglos. Es un Padre amante y tierno, pero aun es guerrero. En tanto que su enemigo ande suelto en la tierra, se sabrá que Dios es guerrero.

En la Biblia se hallan varios ejemplos de victorias grandiosas que el Señor logró para su pueblo en respuesta a la alabanza. Uno de los casos más sobresalientes ocurrió en los días del rey Josafat, cuando los edomitas atacaban a Judá (2 Crónicas 20). Josafat estaba muy alarmado y convocó a toda Judá al templo a orar al Señor. En su oración confesó: "Porque en nosotros no hay fuerza contra tan grande multitud que viene contra nosotros; no sabemos qué hacer, y a ti volvemos nuestros ojos" (v. 12). El Espíritu del Señor vino entonces sobre Jahaziel, levita descendiente de Asaf (el jefe de los músicos en la época del rey David). Jahaziel proclamó: "No temáis ni os amedrentéis delante de esta multitud tan grande, porque no es vuestra la guerra, sino de Dios" (v. 15).

El Señor dio entonces los planes de combate por medio de Jahaziel. Después de adorar al Señor por la victoria prometida, Josafat le dijo al pueblo: "Oídme, Judá y moradores de Jerusalén. Creed en Jehová vuestro Dios, y estaréis seguros; creed a sus profetas, y seréis prosperados" (v. 20). Entonces procedió a nombrar un grupo de hombres para que cantaran alabanzas y dijeran: "Glorificad a Jehová, porque su misericordia es para siempre" (v. 21).

A la derecha, Josafat alineó el ejército en filas. Los cantores vinieron y se alinearon a la izquierda. Josafat hizo entonces algo muy absurdo, pues les dijo a los cantores que fueran al frente y cantaran alabanzas a Dios, a la vanguardia del ejército. Él sabía quienes serían los verdaderos guerreros aquel día; los adoradores ganarían la batalla.

Salieron a combatir con el coro al frente, cantando alabanzas a Dios, y seguidos del ejército. "Y cuando comenzaron a entonar cantos de alabanza, Jehová puso contra los hijos de Amón, de Moab y del monte de Seir, las emboscadas de ellos mismos que venían contra Judá, y se mataron los unos a los otros" (2 Crónicas 20:22; véanse también los vv. 23-25). Los soldados de Josafat se miraban, observaban con un poco de vergüenza las espadas y lanzas y se encogían de hombros. Después bajaron las armas y se pusieron a recorrer el campo para recoger los despojos. Los verdaderos guerreros en esa ocasión no fueron los soldados sino los cantantes del coro. Mientras ellos cantaban alabanzas a Dios, Él peleaba por ellos, y los soldados no tuvieron que levantar ni un dedo. Fue una victoria gloriosa.

Los adoradores cantaban: "Glorificad a Jehová, porque su misericordia es para siempre" (v. 21). Es interesante notar que no pedían que cayera fuego del cielo, ni invocaban la ira de Dios sobre los paganos. Mucha parte de la lucha espiritual se distrae con la represión al enemigo, o pidiendo a Dios que actúe a favor del creyente en cierta manera. Los cantores no recomendaban a Dios una estrategia de combate, ni se molestaban en maldecir al enemigo. En esencia, su canto de alabanza decía: "Señor, reconocemos que tú eres el Dios omnipotente y que has prometido pelear por nosotros hoy. Te agradecemos y alabamos por la victoria, regocijándonos en lo que sabemos que ya has determinado hacer a nuestro favor." Esas palabras le permiten a Dios actuar de la manera mejor. La lucha por medio de la alabanza no dicta a Dios lo que debe hacer, sino que lo alaba por su sabiduría y poder, reconociendo que Él es capaz de resolver el problema de la mejor manera posible. El enfoque no está en la batalla ni el enemigo, sino en Dios quien es la solución (cf. Daniel 11:32).

Pablo y Silas experimentaron la eficacia de la alabanza mientras estaban en la cárcel filipense. Los habían azotado y puesto en una celda interior, con los pies asegurados en el cepo. Como a la medianoche, Silas tal vez dijo: "Pablo, ¿le faltamos a Dios hoy? Me duelen la espalda y los pies, y no puedo soportar todo esto. ¿Invoco una maldición para el carcelero por tratarnos así, o pediremos que caiga fuego sobre este lugar?" Pablo quizás se quejó un poco al volver su cuerpo dolorido hacia Silas y decir: "Silas, creo que debemos alabar al Señor. Démosle gracias que todavía estamos vivos, y que Él va a sacar algo bueno de esta situación." Entonces a la medianoche, Pablo y Silas oraron y cantaron himnos a Dios. Tal vez la medianoche es el momento propicio para que los prisioneros levanten el corazón en alabanza a Dios.

Pablo y Silas no clamaban a Dios por su liberación. No reprendían el cepo ni echaban fuera los demonios del carcelero. Sólo alababan a Dios por su grandeza y bondad. Y ¿qué ocurrió? "Entonces sobrevino de repente un gran terremoto, de tal manera que los cimientos de la cárcel se sacudían; y al instante se abrieron todas las puertas, y las cadenas de todos se soltaron" (Hechos 16:26). La historia concluye que el carcelero y toda su familia confesaron su fe en Jesucristo. Dios respondió a la alabanza de sus siervos y no sólo los libertó de la cárcel sino que también libertó a una familia entera de las garras de Satanás.

El grito en la lucha

La Biblia contiene otros casos cuando Dios respondió a la alabanza. El "grito" o la aclamación es una forma específica de alabanza, y hubo dos ocasiones especiales cuando el Señor respondió a la aclamación. La primera se registra en Josué 6, cuando Josué dirigió a los israelitas en la conquista de Jericó. Durante seis días marcharon alrededor de la ciudad; el séptimo día se levantaron temprano y marcharon alrededor de la ciudad siete veces. Después de la séptima vez: "Cuando el pueblo hubo oído el sonido de la bocina, gritó con gran vocerío, y el muro se derrumbó. El pueblo subió luego a la ciudad, cada uno derecho hacia adelante, y la tomaron" (Josué 6:20).

Desde entonces, los científicos han dado explicaciones de lo que pasó allí. Dicen que mientras los israelitas alzaban la voz al gritar alcanzaron la frecuencia resonante de las paredes de Jericó, y por eso los muros se cayeron. No lo creo. Dios respondió a su aclamación de alabanza en esa ocasión; no fue un fenómeno natural sino un milagro sobrenatural. Dios realizó una victoria definitiva a su favor aquel día.

Gedeón fue el comandante de un ejército que disminuía. Dios redujo su tropa hasta que le quedaban solamente trescientos soldados, "no sea que se alabe Israel contra mí, diciendo: Mi mano me ha salvado" (Jueces 7:2). Gedeón llevó a sus trescientos hombres hasta el borde del campamento madianita. En el momento indicado, por órdenes precisas de Gedeón, los trescientos hombres tocaron las trompetas, rompieron las tinajas que llevaban, levantaron las antorchas y gritaron: "¡Por la espada de Jehová y de Gedeón!" (Jueces 7:20). En respuesta a sus gritos, el Señor volvió a pelear por Israel, y el ejército madianita se volvió contra sí mismo, matándose unos a otros. Israel avanzó hacia una victoria grande, todo porque dieron el grito de victoria en el campamento.

En ciertos círculos se cree que el silencio es más reverente que las aclamaciones de alabanza, y otros han pensado que el "grito" es algo rústico; pero sería un día triste para la iglesia cuando el grito desapareciera de su campamento, y el Israel espiritual ya no gritara de gozo en el poder de su Libertador.

Dios quiere que se use esta arma de alabanza para desatar su poder a favor de la iglesia. Hay tiempo para la oración, la intercesión y la lucha por medio de la alabanza. En la alabanza, ya no se ataca el problema ni las fuerzas enemigas; sólo se confiesa y regocija en el señorío de Cristo. El cristiano se regocija en el hecho de que Él es Señor y vencedor en su dilema presente. Cuando se regocija en su fortaleza, va a la batalla. El creyente alaba y el Señor pelea. Al confesarlo como Señor en esa situación, su fe se eleva al nivel de su confesión, y Dios parece decir: "Mis hijos de veras creen que soy Dios y Señor en esta situación. Por eso desplegaré mi fuerza y gloria." Dios responde al concederle al cristiano una gran victoria.

No hay necesidad de volverse militante ni adoptar un espíritu guerrero. Dios ordena que los cristianos sean emisarios de paz. Si hay pelea, Dios la hará. El apóstol Pablo aclaró en Efesios 6 que la armadura diseñada para el soldado cristiano no es para atacar, sino para permanecer firme contra los ataques del diablo (Efesios 6:13-14). Los seguidores de Cristo no pretenden tener poder en sí sobre el enemigo, pero se regocijan en Dios que lo tiene (Judas 9).

Hay muchos pasajes bíblicos que revelan la intención de Dios de que la alabanza sea un arma para desatar su poder. Nótense estos versículos:

Números 10:9. Dios dice que como respuesta al sonido de la trompeta [la alabanza], Él dará la victoria.

Génesis 49:8. Judá significa "alabanza", de modo que por la unción profética, Jacob declaró que la mano de los "alabadores" estaría en la nuca de sus enemigos.

Jueces 1:1,2. Los alabadores irían primero, dirigiendo la entrada de Israel a Canaán, a la victoria y la bendición. Hay que enviar a los alabadores primero también hoy.

Salmo 8:2. Dios en su sabiduría ha decidido que lo alaben los que no tienen experiencia en el combate: los niños. Ellos no tienen pericia cuando se trata de pelear batallas a la manera del mundo, pero son bastante infantiles para levantar la voz en alabanza y mirar que el Señor pelea por ellos.

Salmo 118:19-20. El camino a la victoria es a través de las puertas de la alabanza (véase Isaías 60:18). Los que viven en victoria han aprendido a entrar eficazmente por esas puertas.

Salmo 149:6-9. Dios ha dado a sus hijos una combinación doble para derrotar a sus enemigos: la alabanza de Dios en su boca y la Palabra de Dios en sus manos.

La alabanza excelente

El Salmo 149:6 es uno de los versículos de la Biblia que contiene una referencia a la exaltación, la cual creo que tiene por lo menos tres significados.

La mayoría de los creyentes experimentan tiempos cuando la alabanza asciende, y su corazón se eleva en acciones de gracias y alabanza a Dios; y pronto la alabanza llega a un nivel alto de intensidad. Hay niveles de alabanza, y la exaltación es su nivel más intenso.

Hay que recordar que los creyentes no son los únicos que ofrecen alabanzas y adoración al Señor. En este momento, alrededor del trono en los cielos, los querubines y serafines, ángeles y criaturas, y los santos de todas las edades levantan la voz para cantar a la santidad de Dios. La exaltación se refiere a la alabanza que tiene lugar en el cielo ahora mismo, y asciende al Padre delante del trono. Creo que es posible que los creyentes, aquí abajo, participen en el presente en esa exaltación de Dios. El espíritu del creyente escucha y puede discernir la canción que se canta alrededor del trono. Cuando el "santo, santo, santo" resuena en el cielo, el coro terrenal puede unirse al celestial y cantar lo mismo. Se puede tener un coro antifonal de dos partes: el coro celestial canta alabanzas al Cordero, y el terrenal responde con cantos de alabanza. Ojalá que todas las iglesias tengan esa exaltación hoy día, "como en el cielo, así también en la tierra".

Aquí se pone el enfoque en un tipo o nivel de alabanza que asciende a los lugares celestiales y hace la guerra por los creyentes. Todos saben que hay fuerzas espirituales de maldad que habitan los lugares celestiales. Daniel aprendió eso de manera clara en una ocasión mientras oraba. Un "hombre" se le apareció en visión. Según su descripción, tal vez fue el Señor, aunque el texto no lo declara así. Después que Daniel oró, el hombre fue enviado a Daniel con la respuesta a su oración pero lo detuvo por veintiún días el príncipe malo del reino persa. Miguel, uno de los arcángeles del cielo, fue enviado a ayudarle al hombre en su combate contra el príncipe de Persia, y debido a su pelea unida, el hombre pudo romper la barrera espiritual y llevarle a Daniel la respuesta (Daniel 10).

Las Escrituras aclaran que los poderes de maldad revolotean sobre las naciones, las ciudades, las familias y los individuos. Se pueden combatir esas fuerzas con varias formas de lucha espiritual. En el ejemplo, Daniel oró hasta lograr la victoria; pero el Señor ha dado a su Iglesia otro instrumento precioso de combate que es la exaltación de Dios.

El Salmo 149:6 relaciona esa exaltación con "espadas de dos

filos" o sea la Palabra de Dios. Hay una hermosa relación entre el canto de las alabanzas a Dios y la predicación de la Palabra. La alabanza a Dios acompañada del mensaje fresco y enérgico de la Palabra de Dios produce una combinación invencible. Las iglesias que se mueven en estas dos dimensiones de ministerio prosperan y crecen, y nada las detendrá.

El Salmo 149:7 dice: "Para ejecutar venganza entre las naciones, y castigo entre los pueblos." Hay que entender este versículo según la perspectiva del NT porque Dios no responde usualmente a la alabanza derramando su ira y juicio sobre los paganos. En el sentido del NT Dios parece decir: "Hay una herencia para la Iglesia en las naciones, pero todavía no se ha reclamado. Avanza y ata los poderes satánicos que ciegan el corazón del hombre, y reclama para el reino esa parte del cuerpo de Cristo que falta por conquistar." Como se ve, el mayor impacto de la lucha por medio de la alabanza es *evangelístico*. El corazón de Dios se duele por los perdidos, y quiere que los creyentes tomen parte en la acción.

La alabanza funciona como instrumento de evangelización en el NT. El día de Pentecostés, los judíos temerosos de Dios, venidos de muchas naciones a Jerusalén, oyeron a los cristianos hablando en lenguas desconocidas, "habla[ndo] . . . las maravillas de Dios", es decir, alabando a Dios en otras lenguas. Como resultado de oír esa exaltación de Dios, seguida del sermón de Pedro (la espada de dos filos), unas tres mil personas vinieron a Cristo aquel día. Como es característico de la alabanza, hubo dos reacciones en esa ocasión: asombro y burla (Hechos 2:12-13). Dios no pide que el creyente se preocupe por las reacciones humanas, sino que cante para exaltarlo y declare su Palabra; la cosecha le pertenece a Él.

Dios da los instrumentos y la oportunidad para que los creyentes participen, pues desata la convicción y el arrepentimiento cuando ellos alaban. La Iglesia tiene una herencia sin reclamar en las naciones. Hay que poner en alto el estandarte de la alabanza y, mediante la fe, presenciar la divulgación de la palabra y el poder de Dios en toda la tierra, hasta que el cuerpo de Cristo esté lleno y completo.

"Cada golpe de la vara justiciera que asiente Jehová sobre él, será con panderos y con arpas; y en batalla tumultuosa peleará contra ellos" (Isaías 30:32). Esta es una actividad en la que han de participar los instrumentistas. Saquen la pandereta y la guitarra. Que el pianista se siente a tocar, y el tambor tome su lugar, pues es hora de salir al combate. Es el momento de guiar al pueblo de Dios en la exaltación para declarar que el Señor es victorioso en toda la tierra.

Dios quiere castigar el reino de las tinieblas rescatando de mano de Satanás a muchas almas que ahora están destinadas a la destrucción. Cuando se arrebata a un alma de las tinieblas y se la lleva al reino de Dios, se le da un golpe mortal al pecado, se frustran los planes de Satanás, se da muerte a la naturaleza carnal, y surge un santo recién nacido. Si la intercesión por el esposo que no es salvo, por muchos años la ha fatigado en la batalla, deje de luchar y comience a alabar a Dios. La alabanza, el regocijo y la confesión de la soberanía de Dios permiten la lucha del Señor, y lo que no se consiguió en años puede ocurrir en sólo cuestión de meses o semanas.

Isaías declaró: "Destruirá en este monte la cubierta con que están cubiertos todos los pueblos, y el velo que envuelve a todas las naciones" (Isaías 25:7). Se refería al monte de Sion que era famoso como lugar de alabanza. El tabernáculo de Moisés se conocía como lugar de sacrificios, pero el de David (monte de Sion) como lugar de canto, música y alabanza. En ese monte de alabanza, el Señor destruirá la cobija de tinieblas que cubre ciudades y familias enteras. Muchas veces se testifica a personas que no muestran ninguna reacción. Tales personas no entienden lo que se les dice porque Satanás les ha cegado la mente para que no puedan recibir la verdad de la Palabra de Dios, aunque quisieran. No obstante, la alabanza rompe esa barrera.

Unos jóvenes que habían participado en un programa evangelístico mundial llamado *Juventud con una Misión* me contaron que habían tenido ocasiones cuando su evangelización personal parecía chocar con un muro de cemento. Entonces sacaban las guitarras y comenzaban a cantar alabanzas a Dios donde estuvieran. Los muros espirituales se derrumbaban, y testificaban con éxito en esa localidad. La alabanza es un arma maravillosa porque Dios ha ordenado que por medio de su Iglesia (el monte de Sion) que lo exalta, Él va a romper las barreras espirituales que cubren las naciones.

"Así Jehová de los ejércitos descenderá a pelear sobre el monte de Sion, y sobre su collado" (Isaías 31:4). Los "collados" de Sion son las alabanzas de exaltación del pueblo de Dios. Cuando los creyentes elevan el corazón para exaltar al Señor, su espíritu asciende por los collados de Sion. Al elevar la voz a ese nivel de exaltación, Dios responderá con poder (Salmo 76:2).

"Voz de alboroto de la ciudad, voz del templo, voz de Jehová que da el pago a sus enemigos" (Isaías 66:6). ¿Qué alboroto sube de la ciudad de Dios? ¿Qué ruido hay en el templo de Dios? Es la alabanza, la exaltación y la adoración. Ese sonido de alabanza es el sonido del Señor que retribuye a sus enemigos.

El sonido de la guerra

Ezequiel tuvo una experiencia magnífica en la que fue llevado a los lugares celestiales y oyó la adoración allí. Obsérvese cómo trató de expresar lo que oyó: "Como sonido de muchas aguas, como la voz del Omnipotente, como ruido de muchedumbre, como el ruido de un ejército" (Ezequiel 1:24). Ese fue su mejor intento de descripción del sonido de la alabanza celestial. El apóstol Juan, en una experiencia semejante, describió la adoración celestial así: "Y oí como la voz de una gran multitud, como el estruendo de muchas aguas, y como la voz de grandes truenos, que decía: ¡Aleluya . . . !" (Apocalipsis 19:6). Para saber cuál es el sonido de la adoración celestial hay que reunir a los santos para la alabanza y la adoración. Ese es el sonido. Es como la voz del Todopoderoso. Es de veras el tumulto del ejército del Señor. Es como truenos muy fuertes; así es el sonido que produce el Señor al pagar a los enemigos lo que merecen. El sonido de la alabanza es como el sonido de la guerra.

Dios seguirá respondiendo a la oración y la intercesión, pero llegará la hora cuando susurrará al corazón y dirá: "Deja de pedir, luchar e interceder y comienza a alabarme por la victoria." La alabanza no le dicta a Dios cómo debe venir la respuesta. Muchas veces las peticiones de oración limitan a Dios porque se le piden cosas cuando Él quiere responder de manera diferente y más completa. La alabanza destapa las posibilidades, porque el creyente confiesa y se regocija en la capacidad absoluta de Dios de ser quién es en la situación presente. Se debe alabar a Dios porque Él está en control y se glorifica en la situación actual. Cuando se confiesa la supremacía de Dios por la alabanza, la fe del creyente se eleva al nivel de su confesión, y Él responde.

El problema no es la capacidad de Dios para manejar la situación, ni es cuestión de convencer a Dios a que despliegue su gloria. El problema está en los creyentes que limitan a Dios con sus conceptos insignificantes de quién es Él. El creyente debe desear que su concepto de Él se agrande.

El papel de la fe

La fe desempeña un papel estratégico en la lucha por medio de la alabanza, de manera que este es un concepto clave. Al ir los creyentes a la guerra con la alabanza, se añade la dimensión de la fe. Por la fe, el creyente eleva el corazón al Señor y dice: "Señor, te canto esta alabanza para que obres en esta situación. Por fe hago que mi alabanza ascienda a los lugares celestiales, para hacer la lucha espiritual." De veras, el creyente puede enviar la alabanza — comisionarla — con una meta propuesta. El Salmo 118:26 dice: "Desde la casa de Jehová os bendecimos." "Os" en este versículo es plural y, por lo tanto, no se refiere a Dios sino a la gente. Desde la casa de Jehová los creyentes pueden, por la fe, enviar una bendición a alguien que no esté presente en la congregación. De la misma manera, por la fe se pueden enviar las alabanzas como rayos de luz, para combatir en los lugares celestiales.

Para los de afuera, la lucha por medio de la alabanza no parecería muy diferente ni única. Al alabar en el combate, la iglesia puede cantar el mismo canto del culto de alabanza anterior. La semana pasada ese canto fue sólo para alabar a Dios; esta semana se convierte en instrumento de guerra. ¿Cuál es la diferencia? La fe. El canto se ofrece a Dios desde una postura completamente diferente del corazón.

Un mensaje de Dios

La iglesia sale a combatir por medio de la alabanza sólo al recibir un mensaje de Dios. Por lo general, este mensaje viene a través de los líderes espirituales del grupo reunido. Por ejemplo, en medio de un culto uno de los ancianos tal vez sienta que es hora de que la iglesia vaya a la guerra, en la alabanza, por una familia que ha estado sufriendo un ataque de enfermedad del diablo. Los músicos toman sus lugares, el director de adoración se levanta, y el pueblo de Dios levanta el corazón en alabanza. Dios responderá complacido por las alabanzas de su pueblo y reprenderá al devorador por la gloria de su nombre.

En la historia de Josafat leída antes (2 Crónicas 20), el pueblo recibió un mensaje claro de Dios. Lo único que tenía que hacer era obedecer. Así debe hacerlo también la iglesia.

Cuando la iglesia trata de entrar a la lucha espiritual sin un mensaje de Dios, pueden ocurrir varias cosas negativas. Primero que todo, es posible que se encuentre golpeando el aire. Si uno no se enfrenta al enemigo, pelea una batalla fantasma. Estoy convencido de que la lucha espiritual de hoy día es poco más que dar bofetadas al aire. Si la lucha espiritual no tiene resultados concretos, se debe poner en duda la eficacia del ataque al enemigo. Segundo: Se puede terminar lanzando un ataque contra otros hermanos cristianos. Tercero: Se puede pasar por alto el tiempo designado por Dios y al entrar prematuramente a la situación, no se logra todo el poder de lo que Dios se proponía. Por último, es posible atacar lo que Dios no quería que se conquistara. Cuando se recibe el mensaje de Dios para que se combata con la alabanza contra cierto lugar, la iglesia se entusiasma con lo que Dios hace. El creyente debe estar dispuesto a oír el mensaje de Dios. Una vez que esté dispuesto, Dios le hablará a su tiempo, y él tendrá la certeza de que se mueve dentro de la voluntad de Dios.

La preparación para la guerra

Los creyentes deben prepararse para este tipo de lucha. Si no están preparados para la batalla, entonces Dios no les dará la comisión. Jeremías 12:5 dice: "Y si en la tierra de paz no estabas seguro, ¿cómo harás en la espesura del Jordán?" Y en el campo de la alabanza, la pregunta es: "Si te cuesta trabajo alabar al Señor cuando todo te va bien, ¿de dónde sacarás fuerza para luchar por medio de la alabanza cuando vengan los tiempos difíciles?" Por eso, ahora es el tiempo para prepararse para la lucha por medio de la alabanza. El creyente se prepara aprendiendo a dar gloria a la alabanza de Dios ahora en el tiempo de paz; entonces cuando sea la hora de tocar la trompeta y salir a la guerra, el creyente puede ofrecer una alabanza gloriosa y triunfante a Dios.

Proverbios 24:10 lo dice de otra manera: "Si fueres flojo en el día de trabajo, tu fuerza será reducida." ¿Ha aprendido la Iglesia la lección de la alabanza? ¿Ofrecerán los creyentes sacrificios de alabanza a pesar de sus circunstancias? Dios sabe que hay sólo una manera de hacer que el creyente mismo descubra la respuesta y es enviándole circunstancias difíciles. Las pruebas y tribulaciones pueden ser para los creyentes, como lo fueron para Job, para ver si permanecen fervientes en su alabanza en medio de situaciones desagradables.

El salmista escribió: "Bendito sea Jehová, mi roca, quien adiestra mis manos para la batalla, y mis dedos para la guerra" (Salmo 144:1). El Señor quiere preparar y entrenar a los músicos para la guerra. Él entrena las manos para tocar los tambores; les enseña a los dedos a tocar el piano. ¿Se prepara alguien para la batalla? ¿Hay alguien en medio de las tediosas lecciones de música? Dios los prepara para el tiempo de guerra. El que se prepara en la música estará listo para guiar al pueblo de Dios en las alabanzas gloriosas que ascienden para el combate espiritual en las regiones celestiales. Dios busca líderes que estén listos a guiar a su pueblo en la lucha espiritual, pues, como dijo Costa Deir: "Sólo los líderes preparados para la batalla prepararán a los soldados para la guerra."

Hay que cuidarse de no estar preparado en el día de la batalla. David escribió: "Porque él me esconderá en su tabernáculo en el día del mal; me ocultará en lo reservado de su morada" (Salmo 27:5). El lugar más seguro en tiempo de guerra es el abrigo de su tabernáculo, en la relación debida con el cuerpo de Cristo y, en particular, con una iglesia local. Hay seguridad en la iglesia. Fuera de su tabernáculo, la iglesia se vuelve muy vulnerable a los ataques del enemigo. El creyente debe prepararse ahora para ese ataque y unirse a otros creyentes en espíritu en una congregación local. Es imperativo que se conozca la seguridad de la iglesia local, de lo contrario los creyentes se convierten en objeto de ataques de afuera.

Observe otra cosa que dice el Salmo 27:6: "Luego [Jehová] levantará mi cabeza sobre mis enemigos que me rodean." Dios nunca prometió que los enemigos desaparecerían ni serían aniquilados, sino que el creyente sería victorioso en medio de sus enemigos.

El enfrentamiento en la batalla

Algunos líderes de adoración piensan que su enemigo el domingo por la mañana es la congregación. Creen que la gente casi se opone a sus intentos de dejar que resuene la alabanza. En efecto, eso es exactamente lo que ocurre. La gente puede estar tan temerosa de abrir el corazón en alabanza que se endurece contra los intentos del líder de adoración por guiarlos. Los líderes de adoración a menudo se preguntan: "¿Qué se puede hacer cuando hay una sensación de pesadez en la congregación, como si hubiera fuerzas espirituales reteniendo a la gente para que no entre en lo que su corazón de veras desea?"

La respuesta está en que el equipo de adoración: el líder, el pianista, el organista, la orquesta, el coro y, si es posible, el pastor se debe reunir el sábado por la noche y hacer la lucha espiritual a favor del pueblo de Dios. Si Satanás ha atado al pueblo de Dios en su libertad de alabanza y adoración, entonces hay que romper ese impedimento. No es tiempo de ensayar música, sino de entrar a la exaltación y atacar unidos los grillos espirituales puestos al pueblo de Dios. Si se hace eso, quién sabe qué podría ocurrir el domingo por la mañana.

Cuando Dios dirige, esta arma también se puede usar para invadir el territorio enemigo. Antes que un grupo evangelístico vaya al vecindario, una sesión de exaltación en alabanza puede preparar la senda para los pies de los que llevan las buenas nuevas del Señor.

La alabanza también se puede usar en la lucha espiritual cuando es necesario permanecer firme en la posición contra un ataque. Los creyentes no son los únicos que hacen la lucha; Satanás también ataca a la iglesia, o a alguien de la iglesia. Hay que alabar e ir a la guerra; permanecer firmes y alabar a Aquel que siempre da el triunfo a sus hijos.

Una vez que los creyentes estén listos para la lucha por medio de la alabanza, el Señor continuará suministrando los retos para mantenerlos preparados para la batalla. Él hizo lo mismo con Israel (Jueces 3:1-2). El Señor dejó a algunos cananeos en la tierra para mantener a Israel alerta y siempre listo para la batalla. Cuando se ve una victoria en la lucha mediante la alabanza, no hay que relajarse y bajar la guardia; otra batalla puede estar muy cerca. Este es el método de Dios para mantener a la Iglesia siempre lista a obedecer sus órdenes.

Se ha dicho que "hay necesidad de menos énfasis en el arrebatamiento y más en la captura". Por demasiado tiempo, la Iglesia ha estado pasiva, esperando el día cuando será sacada de sus terribles problemas; pero Dios le habla hoy porque quiere levantar una Iglesia victoriosa, conquistadora y dominante.

Cuando los filisteos capturaron el arca del pacto, la pusieron en el templo de su dios Dagón. A la mañana siguiente se levantaron y hallaron a Dagón caído boca abajo delante del arca. Volvieron a ponerlo en su lugar, pero al otro día, no sólo había caído delante del arca sino que también se le habían roto las manos y la cabeza. El arca del pacto es símbolo de la presencia y la gloria de Dios, pues por encima del arca la presencia de Dios residía en el tabernáculo del AT. Cuando la Iglesia magnifica el nombre de Dios en alabanza y adoración, los principados y potencias del aire se inclinan ante el señorío de Jesucristo.

Se hace la lucha en alabanza, y se alaba cuando se obtiene la victoria. "¡Consumado es!" es el grito triunfal. Con ese conocimiento, y regocijándose en las batallas ganadas, la Iglesia se presenta delante de Dios no sólo con alabanzas sino en adoración.

Capítulo 4

¿Qué es la adoración?

Es una tarea difícil tratar de responder esta pregunta, pues hay tantos conceptos de lo que es, o no es, la adoración y demasiadas interpretaciones de la manera que se expresa o manifiesta la adoración. Muchos se esfuerzan por encontrar una definición adecuada de la adoración. No es difícil definir la alabanza, pero la adoración es otro asunto. Ninguna definición parece expresar de modo adecuado todo lo que es la adoración, quizás porque es un encuentro divino y por eso es tan infinita en su profundidad como Dios mismo.

Durante cierto tiempo, he recolectado varias "definiciones" de la adoración. Aunque son sólo un intento de expresar con palabras lo que es esencialmente un sentimiento, debieran, con todo, ayudar a la comprensión de la esencia fundamental de la adoración.

1. La adoración es una conversación entre Dios y el hombre, un diálogo que debiera continuar constantemente en la vida del cristiano.

2. La adoración es ofrendar a Dios e incluye toda la vida dándole el sacrificio que pide: todo el ser del hombre.

3. La adoración es la reacción afirmativa de los creyentes a la revelación del Dios trino y uno. Para el cristiano, cada acto de la vida es de adoración, cuando se hace con el amor que responde al amor del Padre. La vida debe ser una adoración constante, pues se puede decir que la adoración provee el metabolismo para la vida espiritual.

4. La adoración fue el resultado de la comunión de amor entre el Creador y el hombre, y es el punto más elevado que el hombre

puede alcanzar en respuesta al amor de Dios. Es el propósito primordial y principal del llamamiento eterno del hombre.

5. La adoración es la expresión de amor, reverencia y alabanza del corazón del creyente a Dios con actitud de reconocimiento de su supremacía y señorío.

6. La adoración es un acto del hombre redimido, la criatura, hacia Dios, su Creador, por el cual su voluntad, intelecto y emociones responden agradecidos y con reverencia, honra y devoción a la revelación de la persona de Dios, expresada en la obra redentora de Jesucristo, mientras el Espíritu Santo ilumina la palabra escrita de Dios.

7. La adoración significa "sentir en el corazón". También es la expresión debida de lo que se siente.

8. La verdadera adoración y la alabanza son "la maravilla reverente y el amor abrumador" en la presencia de Dios.

9. La adoración es la capacidad de magnificar a Dios con todo el ser, espíritu, alma y cuerpo.

10. El meollo de la adoración verdadera es el derramamiento sincero del ser interior sobre el Señor Jesucristo con devoción afectuosa.

11. La adoración es fundamentalmente el Espíritu de Dios dentro del creyente que se comunica con el Espíritu en la Divinidad.

12. La adoración es la respuesta del Espíritu de Dios en el creyente al Espíritu en Él por el cual responde: "Abba, Padre."

13. La adoración es la actitud normal ideal de una criatura racional en buena relación con el Creador.

14. La adoración es amor extravagante y obediencia extrema.

Estas definiciones son todas muy buenas y proporcionan mucho discernimiento en cuanto a la adoración; pero todas parecen un poco deficientes. Una vez oí decir a mi suegro, Morris Smith: "La verdadera adoración no es susceptible de definición; sólo se puede aprender por experiencia." Es muy cierto, pues Dios nunca se propuso que la adoración fuera un tema para los textos de enseñanza, sino que fuera la comunión con Dios experimentada por sus amados.

Las diferencias entre la alabanza y la adoración

Como introducción al estudio del significado de la adoración, sería útil tener una perspectiva más clara sobre algunas de las diferencias entre la alabanza y la adoración. Con frecuencia operan en diferentes campos. A veces, sin embargo, es casi imposible diferenciar entre alabanza y adoración; diferentes individuos al mismo tiempo pueden expresarlas en un culto. Al levantar las manos o danzar delante del Señor, ¿los creyentes alaban o adoran? Podrían hacer ambas cosas, pues las formas externas de la alabanza y la adoración son a menudo idénticas.

Es casi tan difícil separar la alabanza de la adoración como dividir el alma y el espíritu. Parece seguro que el alma y el espíritu son dos aspectos diferentes del hombre, pero se vuelve muy difícil identificar las diferencias. Cuando uno siente cierto impulso, ¿cómo puede determinar si viene del espíritu o del alma? Sólo hay una cosa bastante aguda para separar entre el alma y el espíritu, y es la Palabra de Dios (Hebreos 4:12). Ni siquiera puedo analizar la diferencia en mi propio ser. De modo semejante, la alabanza y la adoración son dos entidades diferentes, pero es a menudo imposible separarlas.

Las cuatro expresiones conocidas como oración, acción de gracias, alabanza y adoración tienen una relación muy íntima. Hay partes dentro de ellas que se sobreponen. Al ver la superposición en el diagrama de abajo, quizás se pueda entender por qué es difícil separarlas por completo la una de las otras.

Alabanza
Oración
Adoración
Acción de gracias

Así que, las diferencias entre la alabanza y la adoración en este capítulo son casi hipotéticas. Se entiende mejor la esencia de la adoración al examinar esas diferencias "hipotéticas".

Primero: Dios no necesita las alabanzas; el creyente sí necesita alabarlo. Dios ha ordenado la alabanza, no por lo que le afecte a Él sino por los cambios que obra en los creyentes. Los pone en buena relación con Dios y es una etapa necesaria en el proceso de la humillación de uno mismo. Dios recibe muchas alabanzas de sus otras múltiples creaciones; Él sigue muy bien aunque alguna u otra persona rehúsen alabarlo. Sin embargo, el Padre busca adoradores (Juan 4:23). Los busca porque los necesita. Obsérvese que Dios busca adoradores, no la adoración. No necesita la adoración, sino que busca fervorosamente a los que han adoptado la vida y la mente del adorador.

Segundo: La alabanza puede ser a veces distante, pero la adoración es, por lo general, íntima. El corazón del hombre no tiene que estar cerca de Dios para que ocurra la alabanza. He oído historias de hombres que comenzaron a alabar a Dios mientras estaban borrachos. Hasta he oído hablar de borrachos que testifican unos a otros, como si así aliviaran su conciencia. En una ocasión, Jesús dijo que las rocas clamarían si sus discípulos no lo alababan (Lucas 19:37-40). Es obvio que las rocas no tienen una relación con el Dios Todopoderoso, y no existirá nunca una interacción de personalidades entre Dios y una roca, pero la alabanza todavía es posible. Cualquier persona o cosa puede alabarlo; los árboles, las montañas, los ríos, el sol, la luna y las estrellas alaban al Señor (Salmo 148:3-12), aunque Dios no tiene relación con ninguno de ellos.

La adoración es diferente, pues acerca a los creyentes al corazón de Dios. La relación es un requisito de la adoración porque ésta es una calle de dos vías, que incluye tanto el dar como el recibir. Es posible que la alabanza ascienda por una sola vía, pero la adoración involucra la comunión y la comunicación.

Tercero: La alabanza siempre se ve o se oye; la adoración no siempre es evidente al observador. Hay veces cuando la adoración es en todo tan visible y evidente como la alabanza, pero no siempre es así. A veces la adoración es silenciosa e invisible. La

Biblia dice que los ancianos caen postrados delante del trono en adoración. Me imagino que parecen casi sin vida al derramar su ser y humillarse delante del Señor. No siempre es posible ver a la gente y determinar si adoran o no. Uno se podría atrever a juzgar si otro está alabando a Dios, porque la alabanza siempre es obvia a otros, pero sólo hay Uno que sabe si alguien adora de veras.

Cuarto: La alabanza es en su mayor parte en sentido horizontal en su propósito, mientras que la adoración es primeramente una interacción vertical. Mucho ocurre en el nivel horizontal cuando se alaba a Dios; los participantes se hablan unos a otros, y declaran sus alabanzas delante de los demás; pero la adoración es más privada y se enfoca más en la Divinidad. La alabanza sí tiene funciones verticales, y la adoración tiene algunos elementos horizontales, pero estas no son sus direcciones principales.

La alabanza es a menudo una preparación para la adoración. Dios trata de enseñarle a la Iglesia a alabar antes de entrar en la plenitud de la adoración, pues una vez que el creyente ha aprendido lo que significa alabar al Señor con todo su ser, pasa después con facilidad a ser un buen adorador. Si hay inhibiciones en la alabanza, es posible quedar atado en la adoración también.

Se puede concebir la alabanza como la entrada a la adoración. Muchas veces es más fácil alabar que adorar. Por eso, si hay dificultad para entrar en la adoración, el comenzar con la alabanza ayudará a que la adoración fluya más fácilmente. Se canta para entrar en la alabanza, y a veces se alaba para entrar en la adoración; pero el canto no garantiza la alabanza, así como la alabanza tampoco garantiza que se pasará el umbral hacia la adoración.

Hay excepciones al punto siguiente, pero por regla general, la experiencia afirma que la adoración va acompañada de cantos más lentos, y la alabanza de cantos más rápidos. No es que el compás lento siempre denote adoración, y que el compás rápido sea igual a la alabanza; más bien, el compás de los cantos lentos es más adecuado a la adoración, y los cantos más rápidos se prestan más a la actividad que caracteriza a la alabanza. Por supuesto hay excepciones ocasionales, pero estas generalizaciones ayudan a entender las diferencias entre la alabanza y la adoración. En realidad, una de las mejores maneras de decidir si un canto es un coro de alabanza o de adoración es considerar no sólo la velocidad del compás sino el tema de la letra.

Hay que recordar, no obstante, que la música es un catalizador de la adoración, y no garantiza ni denota adoración. Alguien podría decir: "No me siento bien con todo este énfasis en la adoración porque no me gusta cantar." El gusto del canto no tiene nada que ver con la adoración. En Lucas 7, la mujer que le ungió los pies a Jesús es un ejemplo de una buena adoradora; no se tocaron instrumentos musicales delante de ella, ni estaba cantando, pero adoraba de la manera más notable y loable. La adoración no es una actividad musical sino una función del corazón.

Otra diferencia entre la alabanza y la adoración se puede ver en que, a veces, hay que empezar a alabar con mucho entusiasmo. A menudo es necesario agitar el cuerpo y el alma para alabar al Señor. La adoración parece funcionar a un nivel diferente, sin incluir un esfuerzo humano al mismo grado. Se caracteriza más a menudo por el deleite silencioso y retraído en la presencia de Dios.

El espíritu está dispuesto a adorar, pero el cuerpo es débil y reacio. Como la alabanza se expresa de modo físico, requiere que se estimule el cuerpo. Sin embargo, puesto que la adoración es más una función del espíritu, lo que se necesita no es estimular el cuerpo, sino desatar el espíritu.

Con estos comentarios no se propone la implicación de que la adoración es superior o más noble que la alabanza. Ambas expresiones son igualmente importantes, y ambas desempeñan un papel de importancia vital en la vida de todo creyente y toda congregación. Si se cree que la adoración es más deseable que la alabanza, el énfasis se pondrá en cada culto de alabanza en el paso a la adoración. Con frecuencia, es apropiado permanecer en la alabanza cierto tiempo, o culminar un culto con la alabanza de exaltación.

Algunas personas se preocupan de la dirección de sus cantos: "¿Se dirige el canto a mí, mi prójimo o Dios?" Los cantos que se dirigen a Dios no son necesariamente mejores ni más deseables que los que hablan de Él. Lo que le interesa a Dios es que los creyentes entren en dulce comunión con Él, no importa si el canto está escrito en la primera, segunda o tercera persona. No hay que ser tan introspectivo que uno se ponga a preguntar: "¿Alabo ahora, o estoy adorando?" Hay que apartarse de lo mecánico y concentrarse en agradar al Señor mediante la expresión del amor debido a Él.

Algunos han cometido el error de igualar la alabanza con "el atrio exterior" y la adoración con "el atrio interior". Esa barrera tan fuerte entre las dos es artificial. Muchas de las actividades corporales empleadas en la alabanza, por ejemplo, se emplean también en la adoración. Al alzar las manos, ¿se alaba o se adora? Podrían ser ambas cosas, o cualquiera de las dos. En la adoración se pueden usar todas las formas externas de la alabanza como los clamores, gritos, aplausos, palmoteos o cantos; pero la adoración también puede existir sin ninguna actividad externa, en tanto que la alabanza siempre se caracteriza por alguna forma de manifestación física. ¿Cuál es la más elevada de estas dos expresiones? La que sea inspirada por el Espíritu Santo para la ocasión.

El concepto erróneo

Algunas personas han expresado una supuesta diferencia entre la alabanza y la adoración que requiere ciertos ajustes. La idea se ha expresado con palabras semejantes a estas: "La alabanza crea la presencia de Dios, mientras que la adoración es la reacción de los creyentes a esa presencia."

Hay ciertos problemas con esta declaración. La alabanza no "crea" la presencia de Dios; no induce, ni obliga, ni ordena la presencia de Dios, la cual está en la Iglesia, basada no en la alabanza de los creyentes sino en la promesa del Señor. Él nunca dejará ni abandonará a sus hijos, y ha prometido que donde haya dos o tres reunidos, Él estará con ellos (Mateo 18:20).

Cuando la Iglesia alaba, el Espíritu Santo agita el corazón del creyente que llega a estar más consciente de la presencia de Dios. Su presencia no va y vuelve, los creyentes son los que cambian; cambia su conciencia de la presencia de Dios.

No todos los cultos comienzan con la alabanza y terminan en adoración, una vez que se manifiesta la presencia de Dios. Algunos cultos comienzan con adoración y terminan con un glorioso sonido de alabanza. Como Dios ya está en la congregación, es completamente factible comenzar con la adoración.

Otro problema con esta declaración es que la adoración no resulta sólo en respuesta a su presencia. Hay veces cuando uno se siente muy lejos de Dios, y todavía necesita adorarlo. Cuando Abraham iba hacia la montaña donde se proponía matar a su único hijo, ¿qué les dijo a sus siervos? "Esperad aquí con el asno, y yo y el muchacho iremos hasta allí y adoraremos" (Génesis 22:5). En la ansiedad mental de pensar en matar a su hijo, cuando Dios sin duda parecía estar muy lejos, Abraham adoraba. No podía entender por qué Dios le había ordenado que le sacrificara a su único hijo, el único verdadero heredero que Dios le había dado de modo milagroso; pero a pesar de su incapacidad para comprender las intenciones de Dios, Abraham adoraba. Su adoración no habría sido completa sin su obediencia total. Pablo se refirió a este nivel de obediencia en la adoración al escribir: "Así que, hermanos, os ruego por las misericordias de Dios, que presentéis vuestros cuerpos en sacrificio vivo, santo, agradable a Dios, que es vuestro culto racional" (Romanos 12:1).

La mayoría de las personas conocen las tragedias de Job a quien el mismo día le robaron los bueyes y asnos, le mataron las ovejas, se llevaron sus camellos, mataron a sus siervos, y sus hijos e hijas murieron cuando les cayó la casa encima. Obsérvese la primera reacción de Job: "Entonces Job se levantó, y rasgó su manto, y rasuró su cabeza, y se postró en tierra y adoró" (Job 1:20). Job no podía sentir entusiasmo en esa ocasión cuando adoró. No reaccionaba a una gran sensación de la gloria de Dios; muy al contrario, él estaba en el punto emocional más bajo de toda su vida; pero a pesar de sus sentimientos, cayó postrado y adoró, confirmando la soberanía excelsa de Dios en su vida.

David tuvo una experiencia semejante. El hijo nacido de su relación ilícita con Betsabé había recibido la maldición de Dios y yacía moribundo. David ayunó y oró por siete días, y pasaba las noches acostado en el piso, pero al séptimo día el niño murió.

Cuando David supo de la muerte del hijo, su reacción fue extraordinaria: "Entonces David se levantó de la tierra, y se lavó y se ungió, y cambió sus ropas, y entró a la casa de Jehová, y adoró" (2 Samuel 12:20). Ese fue un momento desastroso en la vida de David. En una ocasión cuando Dios había dicho que no, y su hijo había muerto, David adoró. No daba gritos de victoria, ni danzaba ni cantaba; pero en su depresión emocional, confesó el señorío de Dios. Adoró al Señor Altísimo, cuyo entendimiento y justicia eran infinitamente mayores que los suyos, y cuya sentencia de muerte era de alguna manera justa y buena.

La esencia de la adoración

La adoración no es sólo algo que ocurre en la congregación cuando se siente la presencia ungida de Dios. La adoración puede ocurrir cuando el creyente se encuentra en la hora más oscura y afirma la soberanía de Dios a pesar de sus circunstancias. Sólo al pasar por una experiencia semejante a la de David o Job puede el creyente probar la cualidad esencial de su adoración. El verdadero adorador adora aun bajo las circunstancias más devastadoras desde el punto de vista emocional. Sólo al conocer el significado de la adoración en los tiempos más difíciles, se comprende el elemento más fundamental para llegar a ser adorador.

La dinámica y las dimensiones de la adoración son tantas y tan variadas que una sola definición de ella no podría incluir todas sus ramificaciones y significados; pero ¿cuál es la idea radical de la adoración? ¿Cuál es la esencia absoluta y el denominador común de toda la adoración? Creo que se ve en la vida de hombres como Abraham y Job, que adoraron en medio de las circunstancias más terribles de la vida. Esta es la esencia fundamental de la adoración: A pesar de las circunstancias negativas o la perturbación emocional completa, el creyente humilla el corazón y la vida delante del Dios Todopoderoso, reconociendo su señorío supremo. En conclusión, la adoración es la confesión del señorío de Dios cuando todo lo que rodea la vida de uno grita: "¡Dios es injusto! No te ama. Te ha abandonado." En tal ocasión, el verdadero adorador dice: "El Señor es Dios. Bendito sea el nombre del Señor.

La adoración se aprende. "Bienaventurado el pueblo que sabe aclamarte" (Salmo 89:15). No es un talento innato, ni un regalo especial para unos pocos. La adoración es el arte de expresarse uno a Dios, y el creyente debe aprender esa expresión y abrir el corazón como canal del Espíritu Santo.

Así como se aprende el arte de la predicación, la capacidad para adorar se desarrolla por medio de la aplicación y la experiencia. La adoración no se aprende leyendo libros, ni tomando clases ni en conferencias. Como el arte de la oración, la adoración se aprende ejerciéndola.

No hay que impacientarse con uno mismo si no se puede adorar como se desea. Aprender la plenitud de la adoración es un proceso largo y no viene con facilidad. Las lecciones de Dios en la vida del creyente para enseñarle la adoración pueden ser tan dramáticas como las de Abraham, Job y David. La reacción positiva en adoración en vez de quejarse de las adversidades hará que el creyente crezca como adorador. En muchas iglesias se enseña a trabajar y testificar pero no a adorar.

Quizás eso quiso decir el salmista: "Un abismo llama a otro a la voz de tus cascadas" (Salmo 42:7). En el contexto de ese versículo, el escritor hablaba de la turbulencia emocional profunda en tiempos difíciles. Cuando todo parece aplastarse sobre uno como una catarata rugiente, hay que recurrir a la fe profunda en Dios. Al sentirse uno subyugado y sin saber por qué Dios ha permitido cierta situación en la vida, hay que reafirmar la fe en Dios. Es la expresión desde lo más profundo del alma que afirma su confianza en Dios. La adoración es lo profundo del ser que llama a lo profundo de Dios.

A veces ese nivel de adoración se expresa mejor en silencio (Salmo 46:10). Este versículo no tiene nada que ver con la alabanza, pero sí se aplica a la adoración. A veces la adoración no constituye la formación de palabras y frases sino que requiere la postración humilde del alma delante de Dios, para reverenciar su grandeza en silencio y quietud. Como la adoración es una expresión de amor, con frecuencia funciona de modo muy semejante al amor conyugal. El amor no se tiene que expresar con palabras para que se aprecie. A veces se dice más sólo por la expresión de los ojos que lo que se podría decir verbalmente. La adoración requiere que se mire a los ojos de Dios.

Cuando se confrontan circunstancias turbulentas, se tiene la tendencia a quejarse ahora y posponer la adoración. Jesús dijo: "Mas la hora . . . ahora es, cuando los verdaderos adoradores adorarán al Padre" (Juan 4:23). La adoración opera en el tiempo presente. Los adoradores no se satisfacen con esperar las alabanzas eufóricas de los redimidos alrededor del trono en el cielo. El hecho de que se haya adorado en el pasado, o que a los creyentes les espere la adoración gloriosa en el futuro, es insatisfactorio. Ahora es el momento de entrar en la verdadera adoración.

Aunque los adoradores no se satisfacen con esperar el cielo, de él reciben una pista. La Iglesia tiene una visión bendita de la esencia de la adoración celestial en el Apocalipsis del apóstol Juan. Allí se da un ejemplo glorioso, digno de emulación. Espero anheloso el día cuando la adoración alrededor del trono sea libre de todos los impedimentos y cadenas de las cohibiciones. El cielo es ruidoso y apasionado en su demostración de la alabanza y adoración de Dios. Dios mismo es emotivo en alto grado y así responde a su Iglesia. No hay nada malo en usar el prototipo de la adoración celestial como patrón para hoy día. Al tener más información sobre la adoración celestial, la Iglesia puede entonces orar que experimente la adoración "como en el cielo, así también en la tierra".

El cielo es espontáneo en su adoración, y la espontaneidad puede también desempeñar un papel clave en la adoración de la Iglesia. Los esposos tendrán tiempos cuando aman a sus esposas de manera determinada y casi rutinaria, pero se añade sabor al matrimonio cuando el amor ocurre de repente. De modo semejante, las expresiones espontáneas de adoración agradan de modo particular al Señor. Es propio responder a un pequeño impulso, aunque sea una manera nueva de expresar el amor a Dios.

Dios pone en el creyente todo deseo de adoración, ya sea espontáneo o rutinario. Hay que entender que la adoración nace en el corazón de Dios. El Espíritu Santo inicia la adoración en el corazón del hombre y participa de modo activo en la adoración de la Iglesia.

El Espíritu Santo y la adoración

Como la intimidad en la adoración es imposible sin la inspiración del Espíritu Santo, las personas que no han sido regeneradas no pueden adorar en amor. Con todo, las Escrituras contienen ejemplos de paganos en adoración, y ponen en claro que hombres de todas las naciones vendrán y adorarán delante de Él, pues sus juicios serán manifiestos (Apocalipsis 15:4). "Se [doblará] toda rodilla . . . y toda lengua [confesará] que Jesucristo es el Señor" (Filipenses 2:10-11). Los paganos pueden reconocer el temor reverente de Dios y adorarlo en consecuencia, pero nunca conocerán la intimidad de la adoración a Él en espíritu y en verdad. La adoración espiritual es el privilegio exclusivo de los que han sido avivados por el Espíritu Santo que mora en ellos. David reconoció: "Todo es tuyo, y de lo recibido de tu mano te damos" (1 Crónicas 29:14; véanse también 1 Corintios 4:7; Romanos 11:36; Juan 3:27).

El Espíritu Santo es parte integral de la adoración, y en la congregación la adoración tiene éxito sólo cuando hay sumisión a Él como el Director divino de la adoración. El flujo del Espíritu en la adoración se presenta de modo único en el relato de Ezequiel de una visión celestial sobrecogedora: "Cuando los seres vivientes andaban, las ruedas andaban junto a ellos; y cuando los seres vivientes se levantaban de la tierra, las ruedas se levantaban. Hacia donde el espíritu les movía que anduviesen, andaban; hacia donde les movía el espíritu que anduviesen, las ruedas también se levantaban tras ellos; porque el espíritu de los seres vivientes estaba en las ruedas" (Ezequiel 1: 19-20). Ezequiel vio cómo el Espíritu Santo, el Director de adoración celestial, la guiaba y dirigía.

Muchos directores de adoración se sienten frustrados porque no aprenden a seguir la guía del Espíritu Santo en el contexto de un culto de adoración. Dios quiere hacer ciertas cosas en cada culto de adoración, y a menos que la congregación se mueva con Él, puede perder su propósito. Es importante, pues, que la congregación sea sensible a los impulsos suaves del Espíritu mientras el culto avanza. (En ocasiones, eso puede significar que hay que dejar a un lado la lista preparada de cantos y seguir la pauta que Dios marque.)

En Números 9:15-23 está el relato de los israelitas que seguían la nube de la gloria de Dios. Cuando la nube se movía, ellos también; cuando la nube se detenía, ellos levantaban las tiendas y se quedaban. Cuando el Espíritu de Dios no está listo para avanzar, nadie debe violar su soberanía al decir: "Pueden sentarse, y pasen adelante los ujieres." Por otra parte, muchos cultos han sufrido las consecuencias de la insensibilidad de la congregación para darse cuenta de que ya se había levantado la "carga" del Espíritu para el tiempo de adoración. Los cantos más allá de ese punto son cuando más decepcionantes.

El Cantar de los Cantares de Salomón describe al Amado (el Señor) que toca a la puerta de su Amada (la Iglesia), para compartir su amor con ella; pero la Amada vacila en abrir la puerta porque ella se ha quitado la bata y lavado los pies, y está a punto de quedarse dormida. No está segura de si quiere responder al llamado del Amado. Por fin, va a la puerta a saludar a su Amado, pero Él ya se ha ido. Ella vaciló demasiado tiempo. Esto muestra con cuánta facilidad se contrista al Espíritu Santo cuando el creyente rechaza sus insinuaciones. Cuando Él los invita y llama a Dios, los creyentes deben responder con prontitud y seguirlo en su camino.

Dios ha prometido: "Te haré entender, y te enseñaré el camino en que debes andar; sobre ti fijaré mis ojos. No seáis como el caballo, o como el mulo, sin entendimiento, que han de ser sujetados con cabestro y con freno, porque si no, no se acercan a ti" (Salmo 32:8-9). Se puede aplicar este pasaje a este estudio. El Señor guía a la Iglesia en la manera como debe adorar; pero pide que la Iglesia no sea lenta para entender y responder a sus impulsos. Dios no empuja a los creyentes, como se hace con los caballos o mulas. Él no quiere golpear al creyente en la cabeza y gritarle órdenes al oído. Más bien, Él habla con una voz suave y dulce. De manera que si se ha de oír el consejo del Espíritu en la adoración, hay que ser de continuo sensibles a su voz.

La adoración en espíritu y en verdad

En Juan 4, Jesús dio la mayor revelación sobre la adoración, y para entenderla bien hay que considerar con cuidado sus palabras: "Jesús le dijo: Mujer, créeme, que la hora viene cuando ni en este monte ni en Jerusalén adoraréis al Padre. Vosotros adoráis lo que no sabéis; nosotros adoramos lo que sabemos; porque la salvación viene de los judíos. Mas la hora viene, y ahora es, cuando los verdaderos adoradores adorarán al Padre en espíritu y en verdad; porque también el Padre tales adoradores busca que le adoren. Dios es Espíritu; y los que le adoran, en espíritu y en verdad es necesario que adoren" (Juan 4:21-24).

Jesús demostró que la adoración ya no estaría limitada a cierto tiempo o lugar (ni en Jerusalén, donde adoraban los judíos, ni en el monte Gerizim, donde adoraban los samaritanos); más bien, sería una función del espíritu del hombre tratando de alcanzar al Espíritu de Dios. Jesús sabía que vendría pronto la hora cuando los sacrificios en Jerusalén serían obsoletos, y la adoración ocurriría dentro del templo del NT, el hombre mismo (véase 1 Corintios 3:16). La adoración puede ocurrir ahora en cualquier tiempo, dondequiera que esté la persona habitada por el Espíritu.

Jesús también indicó que, como función del espíritu, la verdadera adoración es más que sólo un rito externo. La adoración es el espíritu del hombre que se comunica con el Espíritu de Dios. Bajo el antiguo pacto, la adoración era una serie de ceremonias externas que no incluían necesariamente la respuesta del corazón de los participantes. Dios se lamentaba por medio de Isaías: "Este pueblo se acerca a mí con su boca, y con sus labios me honra, pero su corazón está lejos de mí, y su temor de mí no es más que un mandamiento de hombres que les ha sido enseñado" (Isaías 29:13). Jesús ha inaugurado un pacto nuevo y mejor para que la adoración de la Iglesia llegue a ser más que solamente la expresión de frases gastadas y vacías, y sea la expresión recta de un corazón puro. Dios ya no quiere la adoración ceremonial en una localidad fija; ahora desea adoradores que adoren en pureza de espíritu.

Jesús demostró además que la adoración se ensancharía mucho un día por la plenitud del Espíritu Santo. Una hermosa razón por la cual Jesús dio el Espíritu Santo a la Iglesia, junto con el don de hablar en lenguas, es para que los creyentes pudieran tener mayor libertad en su adoración. Hay un cierto elemento en la adoración que siempre estará ausente para los que no acepten la plenitud del Espíritu Santo, con el hablar en lenguas, como realidad en su vida.

Jesús dijo que los adoradores que el Padre buscaba adorarían no sólo en espíritu sino también en verdad. En el pasaje de Juan 4, Él distinguió entre la adoración en *ignorancia* ("vosotros [samaritanos] adoráis lo que no sabéis"), y la adoración *inteligente* ("nosotros adoramos lo que sabemos"). Cuando Jesús habló de adorar en verdad, quiso decir que la adoración involucra la mente. La adoración que involucra sólo el espíritu es insuficiente; también hay que ejercitar la mente. Algunas personas esperan que les sobrevenga una sensación extraña antes de estar seguros de que han adorado de veras. No se dan cuenta de que la adoración incluye todas las facultades mentales del creyente y se experimenta en un estado de máxima conciencia mental. Mientras más se ejercite la mente en la adoración, más significativa será la adoración. Algunos se han lamentado del uso de himnos, y se quejan de que requieren tanta concentración mental que se impide la adoración. ¡Necedad! Tal actitud sólo señala la necesidad de cantar más himnos, pues ayudan a ocupar la mente y también el espíritu en la adoración. Mucha parte de la adoración se impide debido a la incapacidad de la congregación para entrar mentalmente en el contenido de la adoración.

La segunda aplicación obvia de la adoración en verdad es que debe ser por medio de Jesucristo, quien es la verdad (Juan 14:6). Los que no reconocen la mediación del gran Sumo Sacerdote no se pueden acercar a Dios y, por consiguiente, no pueden hallar esa intimidad de relación que fomenta la adoración.

En tercer lugar, hay que adorar con un corazón fiel a Dios, con una vida que manifieste la verdad y la pureza. Eso significa que hay que adorar con integridad.

La motivación de Saúl al querer adorar al Señor fue hipócrita (1 Samuel 15:24-31). Saúl se interesaba solamente en quedar bien con la gente, que sabía que era tradicional que Samuel acompañara al rey y que ellos adoraran juntos. Si Samuel no hubiera vuelto con Saúl, la gente habría sabido que Saúl había perdido el favor de Samuel y del Señor. Saúl no estaba interesado en adorar al Señor de veras; sólo trataba de mantener su reputación y posición a los ojos del pueblo.

A Saúl no se le debiera criticar con demasiada severidad, pues los creyentes hoy también caen en la misma trampa de la adoración hipócrita. Tal vez no todo esté bien entre el creyente y Dios, pero él viene a la congregación y hace creer que nada marcha mal; pone buena cara, y nadie puede discernir que está hirviendo por dentro. A Dios no le agrada la adoración hipócrita. Quiere que sus hijos se presenten delante de Él con corazón puro y veraz. Cuando las cosas no están bien entre los creyentes y Dios, ellos deben ser sinceros ante Él y sacar todo a luz. No es hipócrita el que alaba al Señor a pesar de los sentimientos negativos, o pecados conocidos, con tal de que reconozca los problemas de inmediato y les ponga remedio. En contraste, el adorador hipócrita intenta encubrir los males internos poniendo una fachada espiritual, mientras le impide el acceso al Espíritu Santo a las entrañas del corazón. El adorador verdadero mira sinceramente al cielo e invita a la presencia purificadora del Espíritu Santo.

Por último, al decir que hay que adorar en verdad, Jesús quiere que se adore de acuerdo con la verdad de la Palabra de Dios, pues "tu palabra es verdad" (Juan 17:17). No basta adorar con sinceridad; también se debe adorar en verdad. Hay millones en la tierra hoy día que adoran con sinceridad, pero como no adoran según la verdad revelada de Dios en su Palabra, Él no los oye. Cuando los musulmanes adoran a Alá, creen que adoran al único Dios verdadero, pero el nombre del verdadero Dios no es Alá. Esas personas, aunque sean muy sinceras, rehúsan adorar a Dios según los principios bíblicos. Por eso, su adoración es ineficaz y en vano. Por sincera que sea, su adoración no es aceptable.

Uno sabe que es adorador del Dios verdadero al conocerlo por las Escrituras. La adoración procede de la relación con Dios que se fortalece al aprender de Él por su Palabra. Jesús dijo que los samaritanos adoraban lo que no conocían (Juan 4:22). Se ha dicho que la adoración no es más alta que el conocimiento que se tenga de Dios. Entonces, es obvio que se debe crecer en el conocimiento de Dios, el cual viene mediante el estudio diligente de la Biblia.

Jesús tuvo la extraordinaria capacidad de poner numerosas ideas en unas pocas palabras selectas: "Los verdaderos adoradores adorarán al Padre en espíritu y en verdad" (Juan 4:23), un compendio sencillo pero profundo de la esencia de la adoración. Al entrar a esas profundidades de la adoración que Dios destinó para sus hijos, los tiempos de adoración se vuelven transformadores. Los mortales no pueden dejar de cambiar cuando se encuentran en la presencia de Dios Todopoderoso. La adoración obra el cambio y la purificación interiores. Para mantener una comunión profunda con Dios, uno debe primero purificarse de la suciedad recibida del mundo (véase 2 Corintios 7:1). La comunión íntima con Dios con toda certeza produce refinamiento en la vida; el Espíritu Santo ilumina lo más recóndito del corazón y purga la escoria, pues "nuestro Dios es fuego consumidor" (Hebreos 12:29).

La sencillez de la adoración

Con tantos libros escritos acerca de la adoración y tantas enseñanzas disponibles sobre el tema en la actualidad, es posible sentirse abrumado por su magnitud y su amplitud sin límites. La adoración puede convertirse en una meta elevada hacia la cual marchar, y el creyente se encuentra consumido al tratar de realizarla del modo debido. La congregación se esfuerza por crear un nivel de adoración que exceda a la intensidad del de la semana anterior. A pesar de tantos esfuerzos, la adoración es sencilla. Y no sólo eso, sino que es para la gente sencilla. Es para aquellos que son como niños al abrir el corazón y responder a Dios con sinceridad y honestidad. La adoración no es trabajo, sino diversión. La adoración es agradable y relajante. La adoración debe ser renovadora, vigorizante y terapéutica. Hay que descansar si se ha de disfrutar de la sencillez de la adoración.

Cuando Jesús dio la revelación grandiosa de que hay que adorar en espíritu y en verdad, la dio primero a la samaritana. La mujer que le ungió los pies a Jesús era una pecadora conocida en su pueblo. Si la adoración fuera tan elevada, intrincada y complicada, Dios no habría empleado a esas dos mujeres comunes para dar un ejemplo de la belleza de la adoración. La adoración es nada más que abrir el corazón de uno a Dios y disfrutar de una relación de comunión amable con Él.

Algunos líderes de adoración ejercen presión emocional sobre la gente en la alabanza o la adoración. Otros han tenido mucho éxito al relajarse durante la alabanza y adoración, sin tratar de obligar a la gente a alcanzar un pináculo, pues aunque a todos les gustan los pináculos en la alabanza y la adoración, a nadie le gusta sentirse presionado a entrar a la exaltación en la adoración. No todos los cultos de adoración son extáticos; en efecto, la mayoría no lo son. Es muy poco lo que se puede hacer para controlar el nivel de éxtasis que se experimenta durante un culto de adoración dado. Sólo Dios puede regularlo por su Espíritu. Así que si Dios regula hasta qué punto manifiesta su gloria, entonces ¿por qué esforzarse por entrar a un nivel eufórico de adoración? Uno bien puede relajarse, deleitarse en estar con Dios, y disfrutar del grado de gloria que ya conozca. Hay que hallar una motivación interna para dar alabanza enérgica a Dios, y entonces relajarse y adorarlo con sencillez y agradecimiento.

Les pregunto a los líderes de adoración si se necesita una experiencia espiritual grande en las alturas de Sion para que los creyentes estén contentos con cierto culto de adoración. Si se deriva la satisfacción de la intensidad de cada culto de adoración, de seguro quedarán frustrados. Si hay que alcanzar una cumbre espiritual para estar en paz con uno mismo, entonces todo lo que se haga tendrá que ver con la energía, la preocupación, el esfuerzo y la ansiedad. Hay que hallar el gozo y la paz en algo diferente de la intensidad de la alabanza y la adoración lograda en el culto. La paz se debe tomar de Cristo y de la relación personal con Él que no esté afectada por las vicisitudes de los cultos de adoración. El contentamiento se encuentra en la expresión sencilla de alabanza y adoración, y el reposo en la Roca inconmovible que es Cristo Jesús.

En su libro *Celebration of Discipline* [Celebración de la disciplina], Richard Foster señala que el espíritu se puede agotar del esfuerzo en la búsqueda de Dios, así como el cuerpo físico se cansa del trabajo manual. El esfuerzo, el anhelo y la lucha son características de las actividades por las cuales se busca a Dios activamente, como en la oración y la intercesión; pero la adoración cae dentro de una categoría diferente. Aun la alabanza se podría caracterizar por una intensidad forzada en el afán por proclamar su gloria con entusiasmo y energía; pero no es así en la adoración. La adoración puede ser intensa, pero Dios inicia esa intensidad y no el hombre. Los tiempos intensos de adoración ocurren sin ninguna manipulación ni esfuerzo humanos, porque el Espíritu de Dios se mueve soberano sobre su pueblo. Por eso la adoración no debe ser una función forzada en el sentido de tratar de entrar a un estado extático, sino que se debe caracterizar por la relajación, el gozo, la celebración, la calma, el entusiasmo y la alegría. Ivan Q. Spencer, el fundador del Instituto Bíblico Elim en Lima, Nueva York, dijo una vez: "Cuando tú trabajas, Dios descansa; pero cuando tú descansas, Dios trabaja." ¡Hay que reposar y disfrutar de la presencia de Dios!

La adoración exclusiva

Este libro se dirige en su mayor parte a la alabanza y adoración congregacionales, pero no se adora solamente en la iglesia. La definición completa de la adoración incluye la que tiene lugar, en condiciones ideales, todos los días de la vida, en todo lo que se haga, y a través de todas las acciones del creyente. Sin embargo, hay diferencias entre el amar y el hacer y entre la adoración y el culto. En su afán por servir al Señor, hay personas que descuidan el amor a Él. Jesús se refirió a eso al decir: "Porque escrito está: Al Señor tu Dios adorarás, y a él sólo servirás" (Mateo 4:10). El orden que el Señor dio fue primero adorar, y luego servir. Marta estaba disgustada con María, que estaba sentada a los pies de Jesús y lo escuchaba, porque tenía que preparar la comida sola. Jesús reprendió a Marta pues, en su solicitud por servir, no había dedicado tiempo para adorar. Lo mismo ocurre en la actualidad, cuando los creyentes excusan su falta de adoración señalando las muchas cosas que hacen por Dios. En el afán por servir a Dios, se descuida su adoración.

El creyente necesita que se le recuerde repetidamente la importancia de ser un adorador. A algunas personas les preocupa poner demasiado énfasis en la adoración porque temen que ella hará que la iglesia se convierta en un club donde sólo se buscan bendiciones. Creen que las iglesias que hacen hincapié en la adoración podrían descuidar el esfuerzo evangelístico. Nada podría estar más lejos de la verdad. La verdadera adoración debe hacer que los creyentes alcen la mirada hacia los campos de la cosecha espiritual. El adorador tiene una perspectiva más amplia, enfocada menos en sí mismo, y sus intereses están encendidos por la pasión de Dios. Los adoradores deben ser los mejores siervos. Con todo, el mayor servicio nunca substituye a la adoración.

Se debe adorar sólo a Dios. Esta es una verdad tan importante que Dios la puso en el primero de los Diez Mandamientos. "A otro no daré mi gloria" (Isaías 42:8). Dios demanda una adoración exclusiva. Satanás también busca la adoración exclusiva. Esa fue la esencia del orgullo ambicioso que le entró al corazón en el cielo, pues deseó la adoración que pertenece sólo al Dios Todopoderoso. Satanás se deleita cuando puede distraer a los creyentes de su adoración exclusiva al Señor. Se colabora con Satanás cuando se permite que otras cosas tengan prioridad en el corazón y los deseos, como cuando el creyente dedica una cantidad desordenada de tiempo y afecto a su carrera, sus diversiones y la satisfacción de sus placeres y deseos.

Me pregunto si ciertos ministerios de liberación no podrían, de modo indirecto, permitir la adoración de Satanás. He visto algunos que funcionan de tal manera que Satanás hace que las personas echen espuma por la boca, rueden por debajo de las bancas, griten y se sacudan como maniáticos incontrolables. Escenas como esas llaman mucho la atención al poder de Satanás y sus demonios y, por tanto, casi hacen que la gente le rinda reverencia y adoración al poder de Satanás. He visto a muchos santos sobrecogidos de temor de la influencia demoniaca después de esas sesiones de "liberación", y Satanás se goza de la atención. Más bien, se deben enfocar la atención y los deseos al Señor. Así como la novia se conserva para la felicidad exclusiva del novio, también la Iglesia debe guardarse de otros afectos para poder dar la adoración exclusiva a Dios.

Pocos cristianos se sienten tentados a adorar a Satanás. La

tentación a adorar las cosas antes que a Dios viene de manera mucho más engañosa. Morris Smith dijo una vez: "El quitar la mirada de Dios y ponerla en alguna obra suya, incluso la adoración en sí, y tratar de reproducirla o programarla, en las Sagradas Escrituras se llama *idolatría*." Demasiadas personas han caído en la idolatría al adorar la adoración. Es muy fácil estar tan absorto en desear una adoración mejor que se pone la mirada en la forma o el estilo, y se aparta del objeto de la adoración que es el Señor. Nada se gana con el escrutinio de la adoración, pero se gana mucho con mantener la mirada puesta en el Señor. Isaías dijo: "En el año que murió el rey Uzías vi yo al Señor . . ." (Isaías 6:1). David escribió: "Mi corazón ha dicho de ti: Buscad mi rostro" (Salmo 27:8); "En cuanto a mí, veré tu rostro en justicia; estaré satisfecho cuando despierte a tu semejanza" (Salmo 17:15). Eso sí es adoración.

Jesús sabía agradar al Padre (véase Juan 8:29). En tanto que el creyente aprende a someter todos los deseos desordenados al señorío de Cristo, sabrá que nada agrada tanto al Padre como la adoración incondicional y exclusiva.

En la adoración se bebe del río que fluye del trono de Dios, del cual dijo el salmista: "Del río sus corrientes alegran la ciudad de Dios" (Salmo 46:4). Esa es una alusión a las aguas de Siloé, cuyos distintos cursos corrían por debajo y a través de Jerusalén para su suministro de agua. De modo semejante, el Espíritu Santo da a los creyentes aguas renovadoras cuando adoran desde lo más profundo de su ser. Por la adoración, el río de Dios se vierte sobre el alma para limpiarla y refrescarla. Cuando Ezequiel se vio atrapado en ese río divino, las aguas le subieron de los tobillos a las rodillas y luego a la cintura, hasta que ya no pudo caminar en la corriente (Ezequiel 47:9). Al fluir el río de Dios en la adoración, da vida, abundancia y sanidad, inunda los corazones quebrantados y restaura las almas heridas.

La adoración es maravillosa y gloriosa, pero en toda la maravilla y gloria del aprendizaje acerca de la adoración, el creyente debe darse cuenta de que es posible llegar a entender bien la dinámica de la adoración sin aplicarla nunca a la vida. Una cosa es saber lo que es la adoración, y otra muy diferente convertirse en adorador.

Capítulo 5

Cómo convertirse en adorador

Se sabe por la declaración de Jesús que el Padre busca adoradores (Juan 4:23). Dios se deleita en la vida de los adoradores; nada le agrada más que la calidad de vida que demuestra el adorador. Es conveniente, pues, que el creyente se proponga agradarle imitando a Cristo en todo. El creyente quiere ser adorador, pero a veces no entiende bien todo lo que eso conlleva. El NT no tiene muchas referencias claras a la adoración, pero sí contiene ejemplos excelentes de lo que significa ser adorador. Uno de los casos más destacados de adoración en el NT está en la historia de la pecadora que le ungió los pies a Jesús. Hay que estudiar ese relato en Lucas 7:36-50 para ver con más claridad las cualidades que caracterizan al adorador verdadero. La primera lección que se aprende de este drama es que los adoradores son dadores. La mujer le dio a Jesús un ungüento costosísimo. En aquellos días, no había bancos donde se pudiera guardar el dinero en efectivo, así que la gente invertía en artículos valiosos como ese frasco de perfume para mantener su seguridad financiera. El frasco de perfume representaba, tal vez, todos los ahorros de la mujer; quizás tenía planes de jubilarse con el dinero de su venta.

Ese frasco de ungüento no era como los frascos de perfume de ahora. Los perfumes de ahora tienen pitones atomizadores que dejan salir sólo un poco de líquido a la vez; o se puede quitar la tapa y untar un poco de perfume en diferentes lugares; pero el frasco de la historia era hecho de piedra, de modo que la única manera de llegar a su contenido era romperlo. Además, una vez que el frasco estaba roto, había que usar todo el perfume, pues no había manera de guardarlo. Así que al traerle el frasco de perfume a Jesús, la mujer sabía que no podía dar sólo una parte; era todo o nada; sin embargo, no vaciló. ¡Qué hermoso acto de amor generoso!

Es muy bíblico traer un regalo cuando se viene a adorar al Señor. El Salmo 96:8-9 exhorta: "Traed ofrendas, y venid a sus atrios. Adorad a Jehová en la hermosura de la santidad." En el sistema de sacrificios del AT, se ordenaba a los adoradores que trajeran un cordero (o una cabra, un carnero o una tórtola). No debían presentarse delante de Dios sin traerle un regalo (Éxodo 23:15).

Muchos líderes de la Iglesia se esfuerzan por hallar maneras significativas de recolectar ofrendas. Aunque la ofrenda forma parte de la adoración, siempre parece estar separada de ella, de modo que se considera como otra actividad. Hay que buscar la manera de que las ofrendas de veras sean parte de la adoración. Algunos pastores colocan platos para ofrendas al frente de la iglesia, y antes de comenzar la adoración, le dicen a la congregación que cada familia debe pasar al frente junta y dar la ofrenda al Señor durante la adoración. Cuando quiera que los miembros de la congregación lo desean, mientras otros cantan y adoran, puede la familia junta pasar al frente, arrodillarse en el altar, y dar su ofrenda en adoración al Señor.

Cuando la mujer de la historia se presentó ante Jesús, estaba llorando. Esa era la manifestación exterior de un corazón profundamente conmovido delante del Señor. Estaba arrepentida, agobiada y sin reservas. Esa no era una simulación. Las actrices aprenden a llorar por cualquier cosa, pero sin emoción. Las lágrimas de la mujer fueron sinceras. Confieso que, por ser hombre, me cuesta trabajo llorar. Son pocas las veces que lloro delante de Dios. Y eso me preocupa y pregunto: "Señor, ¿tengo el corazón endurecido delante de ti? Quiero ser blando y tierno en tu presencia." La adoración que ha tenido más significado para mí es aquella en que he llorado delante de Dios. El quebrantamiento y las lágrimas son elementos clave de la adoración.

Aquella mujer también le besó los pies a Jesús. Ese es un aspecto hermoso de la adoración. La palabra griega para adoración es *proskuneo* y significa "besar la mano; rendir reverencia u homenaje al besar la mano; inclinarse uno en adoración". Se cree que *proskuneo* viene de la palabra griega para perro. Así que el significado original pudo haber sido: "besar como el perro que lame la mano de su amo". Cuando supe eso, me disgustó algo esa idea. Le pregunté a Dios: "Señor, ¿soy como un perro delante de ti? ¿Es eso todo lo que significo para ti?" Entonces el Señor me mostró unas lecciones hermosas por medio de la etimología de esa palabra.

Aunque siempre me han gustado los perros, sólo tuve uno en mi niñez, por pocos años. Lo que más recuerdo de Fido es que nos saludaba a la puerta de la casa cuando volvíamos de la iglesia. Desde afuera, podíamos oír que golpeaba la pared con la cola y arañaba la puerta con las patas. Y cuando entrábamos se nos echaba encima. Saltaba, lamía, movía la cola, daba vueltas y pateaba el piso; se pensaría que no nos había visto durante varias semanas. Al recordar esas bienvenidas reales, el Señor me susurró al corazón: "¿Cuánto te entusiasma volver a estar conmigo cuando entras a la casa del Señor?"

Cualquiera que haya tenido un perro sabe lo que es estar sentado, o quizás leyendo, y ver el perro echado ahí mirando. "¿Qué miras?" Él parece hablar con los ojos: "Tonto, tú sabes lo que quiero." Al fin, cansado de que lo mire, el amo pregunta: "¿Quieres salir?" Se pone a mover la cola; ¡eso era lo que esperaba! De modo semejante, hay una espera en la adoración; un quedarse mirando al Señor. Quizás Dios se canse del hablar continuo del creyente delante de Él. A veces, Él pide silencio en su presencia, y eso también es adoración. Mi esposa y yo no necesitamos hablar todo el tiempo para comunicarnos. A veces una mirada puede decir mucho más que mil palabras. Hay que cultivar el hábito de mirar a Dios, para que cuando Él se mueva, uno lo sepa.

En ocasiones, el perro viene a echarse junto a la silla, pero no se satisface con sentarse junto al amo, sino que tiene que echar el cuerpo encima de los pies del amo. A los perros les gusta la intimidad del contacto físico con sus amos. En cuanto al creyente, que no se satisfaga sólo con estar cerca del Señor, sino que se acerque a su corazón en la adoración y se recueste contra su pecho.

Como Lucas llamó pecadora a esa mujer, muchos eruditos bíblicos creen que era prostituta. Cuando ella le hubo lavado los pies a Jesús, se soltó el cabello, algo común que hacían las prostitutas para seducir a sus clientes. Sin duda los discípulos estaban horrorizados. ¿Podría ser que ella intentaría seducir al Maestro? Cuando la mujer entró al cuarto, todos fingieron que no la habían visto; pero cuando se soltó el cabello, todos la miraban de soslayo y nerviosos.

Los adoradores no pueden pasar desapercibidos y sin llamar la atención. Por esa razón, muchos se abstienen de entrar a la plenitud de la adoración. Se preocupan por lo que otros piensen de ellos. La presión de los compañeros afecta la adoración. Eso ha impedido que incontables santos reciban la bendición de abrir el corazón al Señor. Eso es parte de lo que cuesta ser un adorador verdadero.

Se ve que esa mujer no seguía las formas comunes de la adoración. En los Salmos no se menciona el derramamiento de perfume sobre los pies del Señor. David no dio normas en lo concerniente a llorar, besar y enjugar con el cabello. Así que hay que considerar la tolerancia de las expresiones exageradas o únicas de la verdadera adoración. No hay fórmulas de adoración, pues esta es una función del corazón, el cual se expresa con variedad de formas externas.

Ella había tratado de satisfacer su necesidad de amor con los hombres. Ahora hallaba al Amante de su alma. A muchos se les hace muy difícil expresar el amor a otros sin sentir vergüenza. Si a uno le es difícil expresar el amor a otros, ¿cómo puede decir que está abierto para Dios, a quien no ha visto? Hay que mantener una relación abierta con los hermanos en Cristo para poder disfrutar de una relación más profunda con el Señor.

Otro idea acerca de la adoración se puede observar en el pensamiento despectivo de Simón: "Este, si fuera profeta, conocería quién y qué clase de mujer es la que le toca, que es pecadora" (Lucas 7:39). Sin duda, el adorador recibirá la difamación de unos y el elogio de otros. Cuando David escoltaba el arca del pacto a Sion, vestido con un efod de lino y danzando delante del Señor con mucho entusiasmo, Mical lo criticó (2 Samuel 6:20). Por eso Mical quedó estéril por el resto de su vida. Así mismo, la crítica de los actos verdaderos de adoración conlleva el peligro de la esterilidad espiritual.

En la iglesia moderna, nada es tan discutible como la adoración. Las iglesias se dividen por asuntos de adoración y la manera apropiada de realizarla. La razón es que la adoración verdadera provoca las críticas de los estériles espirituales, pero los verdaderos adoradores están dispuestos a pagar el precio.

Hay que decidir si se quiere agradar a los hombres o a Dios. Rara vez parece posible agradar a los hombres y a Dios. La pecadora estaba dispuesta a soportar la censura de otros para ganar la aprobación del Maestro.

Al fin, Jesús se volvió hacia la mujer. Seguro que todo el tiempo los discípulos pensaban: "¿Por qué Jesús no hace algo? Esta mujer está fuera de orden. ¿Por qué no la regaña? ¿Por qué deja que siga esto?" Y cuando Jesús, por fin, le puso atención, los discípulos suspiraron de alivio: "Ya era hora de que Él tomara el control de la situación." Sin embargo, en vez de reprenderla, Jesús la elogió. Esta es una confirmación hermosa de que, cuando el creyente adora, Dios responde, se vuelve hacia él, y le habla, pues eso es lo que el Señor quiere hacer.

Esta historia ejemplifica algunas diferencias entre la iglesia que adora y la que no. El fariseo podría representar a la iglesia que no adora; quizás una iglesia que se complace más en sus raíces históricas que en su expresión de la adoración. El fariseo era el maestro. Era también el hombre que sabía al dedillo los significados de las palabras. Era el que tenía la teología dogmática y coherente de la adoración; en efecto, podría haber escrito el libro más reciente sobre la adoración; pero lo que importa no es la buena teología de la adoración, sino el corazón amante que clama a Dios.

Por haber aprendido a los pies de Jesús, los discípulos tenían mucho conocimiento teórico sobre la adoración; pero se necesitó una pecadora, alguien sin instrucción en las muchas ramificaciones de la adoración, para modelar para ellos lo que es ser adorador. Los creyentes nunca llegarán al punto de estar "por encima" de la adoración al Señor. El Salmo 107:32 dice: "Que los ancianos reunidos lo alaben" (La Biblia Latinoamericana). En Apocalipsis dice que los ancianos se postraban para adorar delante del trono de Dios (véase Apocalipsis 4:9-11). En verdad, los ancianos y los creyentes con madurez espiritual debieran tener una mayor responsabilidad de adorar al Señor y ser ejemplos de adoración a otros. En la historia, los discípulos debieran haber dado el ejemplo de adoradores, pero lo triste era que ellos necesitaban el ejemplo de la mujer. Nadie debe suponer que sólo porque ha logrado crecimiento espiritual se ha convertido en adorador. Los pastores, ancianos, diáconos y todos los líderes de la iglesia deben responder al deber divino de guiar, con su ejemplo, a los santos en su reacción a la adoración.

Es posible que, unos pocos días después de tal experiencia, Pedro caminara por las calles de la ciudad en busca de Jesús cuando, de repente, detectara un olor familiar. Era la fragancia del perfume que la pecadora había vertido sobre Jesús. Pedro tal vez corrió a dar la vuelta a la esquina, esperando ver al Maestro, pero no estaba allí Él, sino la mujer. Durante días después de la unción, ella llevaba todavía consigo la fragancia de Cristo. La gloria de los adoradores verdaderos es llevar el aura de Cristo consigo después de haber derramado su ser en adoración.

La adoración sin culpabilidad

Las últimas palabras de Jesús a aquella mujer: "Tus pecados te son perdonados", contienen una hermosa lección. La mujer adoró, y entonces recibió perdón y purificación. La idea aquí es que es posible acercarse a Dios en adoración, aunque haya pecado en la vida, y llegar a ser purificado; pero muy a menudo se permite que los sentimientos de culpa le quiten al creyente esa bendición. Todos los cristianos tienen que luchar con la culpa y la condenación en algún punto de su andar con el Señor. Para algunos, la condenación ha impedido que reciban lo mejor de Dios para su vida. Hay creyentes que se condenan a sí mismos. Si no pueden hallar una razón porqué sentirse culpables, la inventan. Parece imposible obedecer el mandamiento de Jesús: "Sean perfectos, así como su Padre celestial es perfecto" (Mateo 5:48, NVI).

Nada debilita el testimonio del cristiano con más rapidez y eficacia que la condenación. Esa es la razón principal por la cual muchos escogidos de Dios permanecen congelados en su capacidad para tener la victoria en la vida cristiana. De veras, es posible ser libres de las cadenas de la culpa y la condenación y adorar al Señor con pureza y libertad.

Romanos 8:1 resuena en alta voz y con claridad: "Ahora, pues, ninguna condenación hay para los que están en Cristo Jesús." Sólo hay una condición para la libertad de la condenación y es estar en Cristo Jesús. Las Escrituras aclaran que cuando el creyente está verdaderamente "en Él", se le acredita la justicia de Dios (Romanos 3:21-22). Jeremías profetizó del Señor Jesús, cuando dijo: "Este será su nombre con el cual le llamarán: Jehová, justicia nuestra" (Jeremías 23:6). Pablo declaró que Jesucristo "nos ha sido hecho . . . justificación" (1 Corintios 1:30) y que "al que no conoció pecado, por nosotros lo hizo pecado, para que nosotros fuésemos hechos justicia de Dios en él" (2 Corintios 5:21).

Esa justicia no se consigue con la vida buena sino que es la recompensa de la fe. Por la fe en Jesucristo, el cristiano es la justicia de Dios. Dios lo ve revestido de la justicia de Jesucristo. Ya no es algo que el creyente tiene que esforzarse para conseguir, sino un hecho histórico, una vez que se pone la fe en el Señor Jesús. Esta verdad debe quedar inculcada en el corazón de los que quieran entrar en la libertad de la adoración a Dios sin culpabilidad.

Hubo un tiempo en mi vida cuando luchaba con cierto pecado recurrente que no podía conquistar. Sentía culpa al adorar. No podía hallar libertad en mi espíritu porque me sentía fracasado delante de Dios. Me apartaba de Dios, suponiendo que Él no tenía interés en comunicarse con un hijo pecador. Durante años dejé que la culpa y la condenación me quitaran la bendición de la comunión continua con mi Padre.

Tuve que aprender que nunca debo permitir que el pecado

me impida la comunión íntima con Dios. A Dios nunca le sorprende el pecado en la vida del creyente. No lo condena por pecar. Nunca lo aparta cuando peca. Dios convence, pero nunca condena. El convencimiento y la condenación son polos opuestos. El convencimiento lleva al arrepentimiento; la condenación a la desesperación. El convencimiento culmina en victoria sobre el pecado; la condenación en derrota abyecta. El convencimiento mueve al creyente hacia Dios; la condenación lo deja desinflado y sin fuerzas. Dios convence, pero el creyente condena. Jesús dijo: "Porque no envió Dios a su Hijo al mundo para condenar al mundo, sino para que el mundo sea salvo por él" (Juan 3:17). Las palabras de Jesús a la mujer sorprendida en adulterio, después que los acusadores se habían ido uno por uno, fueron: "Ni yo te condeno; vete, y no peques más" (Juan 8:11).

La culpa y la condenación son algunos de los mayores impedimentos de los cultos de adoración. Por demasiado tiempo se ha dado la solución humana y errónea: "Arrepiéntete delante del Señor primero, recibe la purificación y entonces adora. No vengas delante de Dios a menos que primero hayas sido purificado." El Señor me dio su solución un día que meditaba en el pasaje de Lucas 7. Me impresionó el hecho de que sólo después que la pecadora había adorado al Señor, de manera tan hermosa y extravagante, Jesús declaró perdonados sus pecados. El orden fue que primero adoró, y después fue perdonada.

Jesús nunca dice: "Espera un minuto. Hay pecado en tu vida. No te me acerques ni me ames en esa condición." Al contrario, dice: "Acércate a mí; recuéstate en mi pecho, y tengamos comunión." Entonces viene su promesa: "Y serás purificado al adorarme." El creyente no se purifica para adorar, sino que adora y, en consecuencia, es purificado. La única vez que no es propio adorar a Dios mientras hay pecado todavía en la vida es cuando no hay intención de cambiar. Adorar mientras se mantiene voluntariamente una vida pecaminosa, sin intención de arrepentimiento y cambio, es hipocresía. La adoración a pesar de cualquier pecado conocido, cuando se reconoce y se tiene el deseo de recibir la fortaleza de Dios para obtener la victoria sobre el pecado, es el primer paso hacia la solución.

No adopto una nueva clase de "gracia barata". Dios odia el pecado. El pecado no puede sobrevivir en la presencia de Dios. Por eso, cuando necesita limpieza, el creyente debe apresurarse a entrar en la presencia de Dios. Allí recibe sanidad, purificación, santidad y pureza. Muy a menudo, el creyente, cuando se siente culpable y condenado, da la vuelta y se oculta de su fuente de salud y perdón. La condenación lo aparta del bálsamo que le sana el alma.

La condenación le quita al creyente la purificación bendita que podría recibir mediante la adoración. La condenación es un vórtice que chupa la vitalidad espiritual del creyente hasta dejarlo agotado. Mientras más se abstenga de la adoración, mayor será su contaminación; a mayor contaminación viene mayor condenación y, por tanto, mayor separación entre el creyente y Dios. Es el bendito privilegio del creyente, como redimido de Dios, acercarse a Él en tiempos de pecado e impureza y recibir el poder purificador que fluye de su presencia.

Las actitudes que estorban la adoración

Aunque se halle solución a la condenación y la culpa, todavía le quedan muchos escollos ocultos y estorbos a la adoración. El obstáculo principal de la adoración es el de las actitudes erróneas de la mente y el corazón.

Sin duda el mayor problema que debilita la adoración, y probablemente su mayor estorbo, es el orgullo. El orgullo ha arruinado más cultos de adoración que todas las fuerzas del infierno combinadas; impide que los creyentes alcen la voz sin temor en la congregación; les quita el gozo y el alivio que vienen cuando danzan o alzan las manos, o se inclinan en la presencia del Señor; los encarcela en la prisión cohibida de la esclavitud espiritual. El orgullo viene con excusas tales como: "Pues esa no es mi manera de alabar." El orgullo nunca acepta la culpa ni reconoce la falta; es uno de los obstáculos más insidiosos porque es difícil discernirlo.

La humillación de sí mismo y la exaltación de Dios son la esencia de la adoración. Con todo, los creyentes han desarrollado la increíble capacidad de adorar al Señor sin sacrificar su orgullo. ¿Cómo es posible decir: "Exalto al Señor", si no me humillo? Hubo una época cuando se requería mucha humildad para alzar las manos, palmotear o danzar en el culto, pero esas expresiones de alabanza ya se aceptan como algo común en la mayoría de los círculos pentecostales y carismáticos. Es posible para los creyentes contemporáneos alzar las manos y cantar en lenguas sin sacrificar su orgullo, sencillamente porque eso se ha vuelto conducta aceptable en muchos círculos de la sociedad. ¿Están los creyentes preparados para expresar su adoración de manera diferente, si sienten el impulso del Espíritu, a pesar de lo que piensen otros?

El orgullo es muy susceptible a la presión de los demás en la adoración. El creyente tiende a preocuparse más de las opiniones de los demás que de la del Señor, precisamente en el momento cuando el Señor debe ocupar todos sus pensamientos. Hay que estar dispuestos a echar a un lado las presunciones y adorar al Señor de toco corazón, sin poner la atención en sí mismo y en el mantenimiento de una imagen "espiritual". El mejor consejo que he oído es éste: "Nunca hagas nada, ni te abstengas de nada, porque otros estén mirándote."

La adoración a menudo sufre de un tipo de "hedonismo inverso". El hedonismo es la filosofía moderna de la vida que dice: "Si te causa placer, hazlo. Haz lo que quieras hacer." La sociedad actual es hedonista, pues por todas partes la gente busca satisfacer los caprichos de sus deseos sensuales. Al contrario, si no causa placer, no lo hagas. Llevada a la adoración, esa actitud inversa dice: "Si no tienes deseos de adorar, no te preocupes." "El espíritu está dispuesto, pero la carne es débil." No obstante, hay que participar en la adoración, especialmente en las ocasiones cuando no se quiere adorar. Si se permite que los sentimientos controlen la adoración, nunca se tendrá la victoria en la vida cristiana. No se adora porque se tengan ganas, sino porque Cristo es digno.

Otra actitud falsa en la adoración es la presunción. Al entrar al culto de adoración, el creyente dice: "Buenos días, Dios. Me place volver a verte." Y Dios parece decir: "La voz es conocida, pero no reconozco el rostro." Uno supone que tiene el derecho de acercarse a Él aun después de vivir de manera egoísta toda la semana. Muy a menudo, el creyente da por sentada la gracia de

Dios y espera que su Espíritu de bendición descienda sobre Él sin ningún sacrificio, inversión de oración ni arrepentimiento humilde de su parte.

Otra mala actitud en la adoración es la del espectador. Es fácil que el creyente se halle como observador del culto de adoración. Al concluir, se da cuenta de que ha hecho de todo, menos adorar. Pablo no mencionó el ministerio de vigilancia en sus epístolas. El creyente debe participar, no simplemente observar.

Algunas iglesias tienen la mentalidad de espectadores en sus cultos de adoración; pasan tantas cosas en la plataforma que se requiere que el adorador contribuya muy poco para que el culto tenga éxito. Tal vez por eso muchos han cambiado de idea acerca de la "música especial" que en muchos círculos ha llegado a significar el desempeño de una pieza musical que, bajo el disfraz de "ministerio", hace poco más que retumbar en los oídos del "público".

Un grupo no desempeña la adoración a favor de otro. Nadie puede adorar en lugar de otro. Se ha llamado a todos los cristianos, como sacerdocio espiritual, a ofrecer sacrificios de acción de gracias y alabanza al Señor (Romanos 12:1; 1 Corintios 3:16; 1 Pedro 2:5-6; Apocalipsis 1:6). La distinción entre actor y público es algo completamente ajeno al NT. Ningún creyente es espectador, sino que todos participan en la exaltación de la alabanza gloriosa. La verdadera adoración debe, al fin, trascender la relación horizontal con los demás creyentes y centrarse en la dinámica vertical de la comunión con Dios.

El sentimentalismo también puede ahogar la adoración. Con frecuencia los creyentes se ponen sentimentales en la adoración cuando los domina más la música que el mensaje de los cantos. Los cantos demasiado familiares podrían volverse sentimentales para los creyentes; son tan bien conocidos y comunes que pierden su eficacia para estimular la mente a la adoración. Los líderes de adoración deben entender la fuerza emocional de la música y la facilidad con la cual el creyente se pone sentimental con una tonada favorita. No debe haber satisfacción en la reacción emocional solamente, sino que se necesita la reacción completa del cuerpo, el alma y el espíritu.

Cuando Israel rechazó la palabra del Señor dada por su siervo Ezequiel, el Señor dijo lo siguiente acerca de ellos: "He aquí que tú eres a ellos como cantor de amores, hermoso de voz y que canta bien; y oirán tus palabras, pero no las pondrán por obra" (Ezequiel 33:32). Dios sabe bien que los creyentes se dejan cautivar fácilmente de una melodía hermosa, sin que el mensaje los cambie en lo más mínimo. En ocasiones, vale preguntarse al alabar si hay culpa de disfrutar de la música, sin poner atención al mensaje del canto.

Los humanos fueron creados para disfrutar de la música. Es una sensibilidad dada por Dios y es buena; Dios ha dispuesto que la música ayude a los creyentes a abrir el corazón y ser más receptivos para Él. Nunca se debe adorar la música ni darle un énfasis desordenado. La música es un vehículo, no un fin en sí. San Agustín observó: "Cuando me conmueve más la voz del cantor que las palabras cantadas, confieso que he pecado."

Otra actitud errónea en la adoración es la de hacerla solamente con los labios. Es fácil expresar las palabras de un canto, mientras se sabe que el corazón no está puesto en el mensaje. Nada es más repugnante al Señor que la falta de consagración y la hipocresía. En cierta ocasión en la historia de Israel, los hebreos sacrificaban a los dioses paganos, y luego daban la vuelta para cumplir con los sacrificios mosaicos a Dios. Obsérvese lo que Dios les dijo por medio del profeta Amós: "Aborrecí, abominé vuestras solemnidades, y no me complaceré en vuestras asambleas. Y si me ofreciereis vuestros holocaustos y vuestras ofrendas, no los recibiré, ni miraré a las ofrendas de paz de vuestros animales engordados. Quita de mí la multitud de tus cantares, pues no escucharé las salmodias de tus instrumentos" (Amós 5:21-23). Dios preferiría que los creyentes guardaran silencio en vez de sólo dar la apariencia de adorar.

No importa si el método del líder de adoración es apropiado o no; el problema está en que el creyente no quiera tomar parte en la adoración sólo porque le irrita el método del director de adoración. Dios es digno de la alabanza sin tener en cuenta las debilidades humanas de los líderes.

La última actitud que hay que cambiar se encuentra en las

últimas palabras de una iglesia moribunda: "Nunca antes lo hemos hecho así." ¡Cuánta más razón para hacerlo! La adoración mejorará si los creyentes quieren ser innovadores, si están dispuestos a probar cosas nuevas y listos para experimentar e investigar todo lo que Dios tiene para ellos en la adoración.

El convertirse en adorador es privilegio y desafío. Es lo que le agrada al corazón del Padre por encima de todo. Una vez que la gente esté preparada para participar en la adoración sin reservas, los líderes de la iglesia deben entender debidamente el papel de la adoración en la congregación. Los cultos serán eficaces cuando la adoración se conduzca con un propósito definido.

Capítulo 6

El propósito completo de la adoración congregacional

I nherente a la pregunta: "¿Por qué adorar?", hay otra que es: "¿Qué se espera realizar en la adoración congregacional y a través de ella?" Esto tiene un significado especial cuando se considera cuánto tiempo y energía se ponen en esta actividad. Los líderes de la iglesia saben bien que el tiempo es una de las cosas más valiosas en el culto del domingo por la mañana. Por lo general, no parece haber suficiente tiempo para acomodar todo lo que se ha de hacer. Sin embargo, algunas iglesias pasan de treinta a cincuenta por ciento del tiempo que están congregadas en la adoración. Hay que presentar una filosofía de la adoración congregacional que defina de modo adecuado la razón por la cual se dedican cantidades preciosas de tiempo a esa actividad congregacional, y cuál debiera ser el resultado de tanto tiempo y esfuerzo.

Cada pastor y congregación local deben determinar esa filosofía para sí. Ya no vale defender los cultos de adoración diciendo: "Pues siempre lo hemos hecho así." Es igualmente insuficiente considerar el tiempo de adoración como la actividad preliminar, o algo para "acondicionar" a la gente en preparación para la parte del culto que algunos consideran de veras importante, o sea, el sermón.

Puesto que estas razones no son adecuadas, ¿cuáles razones se debieran tener para la adoración congregacional? La respuesta se puede dividir en tres aspectos generales en los cuales ministran los cultos de adoración. Están el aspecto *vertical* de la adoración, o sea, el nivel en el cual el adorador se comunica con el Señor; el *horizontal*, en el cual el adorador se comunica con otros en la congregación; y el *interno*, donde el culto de adoración afecta al adorador. Cada uno de ellos les ayuda a los creyentes a entender mejor el papel de la adoración en la congregación.

El aspecto vertical

La razón primordial de la adoración es *ministrar al Señor*. La actitud básica del adorador no es: "Bendíceme, Señor", sino: "Bendeciré al Señor." La mayoría de los creyentes afirman que ese no es un concepto extraño y, con todo, hay que admitir que, a veces, los creyentes al regresar a casa de un culto de adoración se quejan porque la adoración no los afectó tanto como en la semana anterior. Si alguien les pregunta cómo fue el culto de adoración, podrían responder: "Pues, en la escala de uno a diez, lo pondría como en cinco." Si el propósito principal de la adoración es bendecir y glorificar al Señor, entonces ¿por qué disgustarse cuando parece que no bendice al creyente? La cuestión no es si el culto de adoración me bendijo a mí, sino si bendijo a Dios. No es lo que pensé yo del culto de adoración lo que cuenta de veras, sino lo que Dios pensó de él. ¿En qué punto estaba en su escala de uno a diez? ¿Lo aprobó? ¿Se agradó Él del sacrificio de alabanza de la iglesia?

Concedido que cuando se bendice al Señor se reciben bendiciones también. Hay un dicho coreano que es: "Si quieres echarle lodo al rostro a otro, debes primero enlodarte las manos." Lo inverso también es cierto: Si bendices a otro, entonces también recibirás bendiciones. En Proverbios 11:25 dice: "El que saciare, él también será saciado." Cuando de veras se bendice al Señor, se bendice uno mismo; pero lo importante es la motivación. Se debe servir al Señor sin la razón de recibir después bendiciones, sino más bien con el motivo de bendecirlo, ya sea que Él lo bendiga a uno o no. Si la iglesia lo bendice con la motivación apropiada, Él también la bendecirá.

Hay que estar alerta para no desviarse del propósito primordial de la adoración. Hay muchas cosas que pueden apartar la atención de los creyentes del Señor, si no tienen cuidado. El creyente puede absorberse, por ejemplo, en la pregunta: "¿Qué me dice Dios?", de tal manera que pierda la oportunidad de ministrar al Señor. Si Dios quiere hablarle, lo hará; pero en primer lugar está el servirle. Otra pregunta que puede distraerlo es: "¿Hay pecado en mi vida?" El examen de conciencia es bueno, pero el cristiano puede quedar tan absorto en la introspección que descuide la prioridad de bendecir al Señor. El problema de demasiadas personas es que su vida es muy egoísta, y todo gira alrededor de los intereses, deseos y preocupaciones personales. El culto de adoración es una buena oportunidad para que el creyente se olvide de sí mismo y ponga toda su atención en Dios.

Hay también influencias externas que distraen a los creyentes del culto. En algunas iglesias, la gente debe concentrarse tanto en seguir al líder de la adoración que nunca puede elevar el corazón a Dios. La admiración a un director enérgico no substituye al encuentro personal con Cristo. Recuerdo a cierta dama que se me acercó después del culto dominical para decirme: "Bob, me encanta la manera como usted toca el piano. Podría pasar horas escuchándolo." Le agradecí la cortesía, pensando que me había dicho algo amable; pero al considerarlo con más detención, vi que no era un cumplido. En realidad, aquella dama había estado tan absorta en la música que no había adorado. Mi estilo musical florido se había convertido en distracción para ella, haciéndole apartar los ojos del Señor. No lo consideré un cumplido, pues me di cuenta de que, al tocar el piano, había distraído a otros de su ministerio primordial al Señor. Así mismo, la gente debe evitar la tendencia a distraerse con la admiración del talento de las personas que participen en el culto de adoración. Su talento se expresa exclusivamente como un estímulo para dirigir al adorador hacia Dios.

A veces, uno se halla pensando: "El director del culto no está en el Espíritu hoy." Es muy fácil convertirse en analizador de la adoración, como si el creyente fuera un experto conocedor de los cultos de adoración, y pasar por alto el ministerio celestial. Uno puede ser el detective espiritual más agudo de todos los

96 Exploración de la adoración

tiempos para observar todos los puntos débiles del liderazgo, e imaginar la solución perfecta, pero el descuido en la adoración desagrada a Dios. No hay que permitir ni siquiera que el llamado ministerio de discernimiento sea un estorbo a la bendición debida al Señor.

¿Qué le puedo dar a Dios para que me recompense? ¿Qué puedo ofrecerle que no tenga ya? Por asombroso y maravilloso que parezca, las Escrituras dicen que el creyente tiene algo que puede traerle a Dios: su alabanza y su bendición. Uno puede bendecir al Señor. ¡Qué asombroso que una criatura como yo pueda bendecir al Señor Dios Todopoderoso! No comprendo cómo pueda ser posible eso, pero opto por creerlo. Por tanto, debo aprovechar con frecuencia ese bendito privilegio para ministrar al Rey de reyes y Señor de señores.

También se adora para *percibir mejor la presencia manifiesta de Dios.* Las Escrituras revelan que Dios está en todo lugar a toda hora, pues es omnipresente, pero también que hay diferentes puntos en los cuales Dios manifiesta su presencia. Se manifiesta "donde están dos o tres congregados", pero cuando un grupo de los hijos de Dios se congrega para cantar sus alabanzas gloriosas, Él "habita" en esas alabanzas y revela su presencia de modo especial entre su pueblo que lo alaba (véase el Salmo 22:3).

Éxodo 33 registra una conversación interesante que Moisés tuvo con Dios. En ese encuentro divino, se le dio a Moisés una visión única del Señor que ningún otro hombre ha tenido jamás. Dios cubrió a Moisés con la mano en la hendidura de una roca, y luego quitó la mano para mostrarle la espalda. Antes de ocurrir eso, El Señor le había prometido a Moisés: "Mi presencia irá contigo, y te daré descanso." Entonces Moisés le dijo: "Si tu presencia no ha de ir conmigo, no nos saques de aquí. ¿Y en qué se conocerá aquí que he hallado gracia en tus ojos, yo y tu pueblo, sino en que tú andes con nosotros, y que yo y tu pueblo seamos apartados de todos los pueblos que están sobre la faz de la tierra?" (vv. 14-16).

En la actualidad se puede hacer la misma pregunta: ¿Qué distingue a la Iglesia del mundo? ¿En qué se diferencian los cultos de la Iglesia de las reuniones de cualquier otra organización social? ¿Será porque los creyentes están contentos y tienen buenas relaciones? Los miembros de los clubes sociales también están contentos y tienen buenas relaciones. La diferencia está en la presencia de Dios. Si la presencia de Dios no está en los cultos de adoración, más valdría despedir a los asistentes. Sin embargo, cuando los pecadores perciben la presencia de Dios en la iglesia, saben que en ella hay algo diferente.

Lucas 5:17 se refiere a una ocasión en la cual "el poder del Señor estaba con él para sanar". En la presencia de Dios se revela su poder. Cuando los adoradores de Dios perciben su presencia, deben esperar un flujo muy grande de su poder. Hay liberación, purificación, plenitud del Espíritu Santo y mucho más cuando Dios está presente en poder. Una vez leí que cuando cierta iglesia tuvo dificultades con su sistema eléctrico, pusieron el siguiente aviso en la cartelera de la iglesia: "Debido a la falta de energía eléctrica, no habrá culto de adoración hoy." En muchas iglesias se podría cambiar eso un poco para decir: "Debido a la falta de adoración, no habrá poder en los cultos de hoy."

La tercera razón de la adoración congregacional en el aspecto vertical es *suministrar un ambiente para la expresión de los dones del Espíritu* y varios ministerios espirituales. Los dones del Espíritu se asignan según la voluntad soberana de Dios, y las alabanzas de la iglesia no persuaden a Dios a que entregue sus dones. Con todo, el culto de adoración provee un ambiente muy propicio a las operaciones de los dones del Espíritu. Sin el ambiente de adoración los dones rara vez se presentan, pero en él, el Espíritu puede funcionar con más libertad.

Las profecías, por ejemplo, casi no se presentan al principio de los cultos de adoración. No es algo accidental. Primero se adora, y luego los ministerios espirituales comienzan a operar. No es que al principio del culto, Dios no está dispuesto a profetizar a su pueblo; más bien, el pueblo a menudo no está listo para recibir lo que Él tiene para decir. Dios tiene mucho para decir a su pueblo, pero espera hasta que sus hijos estén listos para recibir su mensaje. En tanto que el espíritu del creyente pueda percibir al Espíritu de Dios en la adoración, estará listo para moverse en los dones del Espíritu.

Por último, la iglesia adora para *abrir los canales de comunicación entre ella y Dios*. Los cristianos pueden parecer engañosamente espirituales con su traje dominguero, pero por dentro quizás se sientan separados de Dios. Algunos tal vez no hayan orado, adorado ni hablado a Dios desde el último culto al cual asistieran. Sería sorprendente saber cuántos cristianos olvidan leer la Biblia o pasar tiempo en oración en una semana dada. Otros pueden venir a una reunión atormentados por el sentimiento de culpa y la depresión nerviosa. El culto de adoración les da la oportunidad de hallar nuevas fuerzas en la presencia de Dios.

A la Iglesia le puede faltar mucha comunicación con el Señor. Él anhela su tiempo y atención, pero ella a menudo está demasiado ocupada con la vida. Hay un versículo hermoso en Cantar de los Cantares de Salomón que descubre el corazón de Dios: "Paloma mía, que estás en los agujeros de la peña, en lo escondido de escarpados parajes, muéstrame tu rostro, hazme oír tu voz; porque dulce es la voz tuya, y hermoso tu aspecto" (Cantares 2:14). El Señor llama a la Iglesia "paloma mía" porque la paloma es nerviosa y se atemoriza con facilidad. En este versículo el Señor dice que su Iglesia, o su paloma, se oculta "en los agujeros de la peña". De veras, los creyentes a veces quisieran ocultarse de Dios. Temen hacerse vulnerables a su mano delicada. Hay como una nota de ruego en su voz al decir: "Muéstrame tu rostro, hazme oír tu voz." A muchos creyentes diría el Señor: "Muéstrenme su rostro" cuando agachan la cabeza en el culto de adoración, cargados de cuidados y preocupaciones. Él les levanta la cabeza a sus hijos (véase el Salmo 3:3). Dios también dice: "Déjenme oír su voz", pues algunos tienen miedo de alzar la voz más allá de un murmullo, por temor de que alguien los oiga. Dios se deleita en oír la voz de sus hijos. Quiere que se descubran y den expresión a sus sentimientos en su presencia.

El aspecto horizontal

Hay mucha interacción entre la Iglesia y Dios en el aspecto vertical de la alabanza y la adoración, pero ha sido insuficiente la consideración dada al aspecto horizontal de la alabanza, el cual comprende una parte integral de la experiencia congregacional; es un elemento de importancia crítica en la vida del creyente que no aparece en su tiempo devocional privado. Algunos elementos horizontales se manifiestan en la adoración, pero la mayoría se expresan por medio de la alabanza. Hay seis maneras mediante las cuales los adoradores se relacionan entre sí en la alabanza y la adoración en la congregación.

La primera consideración de la fuerza horizontal de los cultos es que la iglesia alaba y adora para *ensanchar el espíritu de unidad dentro de la congregación*. Por pasajes como el Salmo 133 se sabe lo importante que es la unidad para el Señor y cuánto le agrada. Como la alabanza y la adoración contribuyen a la unidad, deben tener un lugar especial en el corazón de Dios.

El canto unifica a las personas en mente, actividad y actitud. Cuando un grupo canta una canción, todos los integrantes dicen las mismas palabras, hacen la misma cosa y participan de la misma actividad. La adoración toma ese medio natural de comunicación que es el canto y usándolo se vuelve aun más eficaz como instrumento de unidad. Una cosa que todos los creyentes pueden hacer juntos es cantar unidos alabanzas al Señor. Todos tienen en común que aman al Señor Jesucristo y pueden expresar su fe común en cantos. No hay mejor manera de vislumbrar la unidad que verdaderamente tienen los santos en Cristo que reunirlos para alabar a Dios.

Los vínculos de unidad que se sienten entre los hermanos en el cuerpo de Cristo son fuertes y significativos, pero hay un espíritu de unidad aun mayor que puede existir entre los que adoran juntos (véase Salmo 86:11). A veces en los cultos de oración, al ver que otros expresan los sentimientos más profundos del corazón en la adoración, los creyentes se sienten muy unidos a ellos. Al ver a una hermana llorar abiertamente en la presencia de Dios, o a un hermano que adora con mucho sentimiento, el corazón del creyente le salta en el pecho. Esos son adoradores verdaderos. Después de la adoración, a veces los creyentes suelen abrazarse cariñosamente. Ese es el vínculo que puede establecerse entre hermanos cristianos que no temen descubrirle el corazón a Dios delante de otros.

Al descubrir el corazón delante del Señor, los creyentes se dan cuenta de que forman parte los unos de los otros. No hay relaciones fuertes con otros cuando se levantan paredes de inseguridad y protección de uno mismo, pero los creyentes sí se identifican mucho con la persona interior real de otros santos. El temor de la vulnerabilidad impide que el creyente sea transparente y abra el corazón delante de Dios y otros. El creyente sabe que al hacerse vulnerable delante de Dios también lo es para los demás hermanos, quienes lo verán como es en realidad, sin fachada espiritual. Como Dios lo sabe todo, el cristiano no debe sentirse intimidado por la idea de ser vulnerable delante de Él, pero ¿los demás? Hay que mantener la buena reputación. El creyente no quiere que otros sepan la verdad acerca de sus necesidades espirituales; sólo cuando se está dispuesto a ser vulnerable delante de los hombres, se tiene el corazón completamente abierto delante de Dios. Hay un plano superior de unidad que nunca se percibe hasta que se aprende a abrir el corazón y ser vulnerable delante de Dios y sus hijos.

La Biblia enseña que hay una relación clara entre el amor a Dios y el amor a los otros creyentes: "Si alguno dice: Yo amo a Dios, y aborrece a su hermano, es mentiroso. Pues el que no ama a su hermano a quien ha visto, ¿cómo puede amar a Dios a quien no ha visto?" (1 Juan 4:20). El principio es que el amor a Dios no puede trascender al amor mutuo entre los creyentes. No se puede disfrutar de una medida de adoración que exceda la calidad de la relación que se tiene con los hermanos. No es posible tener una relación personal enérgica con Dios y estar de malas relaciones con otros cristianos. Si se crece en la adoración en amor a Dios, también se crece en amor a los otros hermanos, pues la adoración hace crecer a los creyentes en amor y unidad dentro del cuerpo de Cristo.

La adoración no sólo hace crecer a la iglesia en amor fraternal, sino que le da la oportunidad del *ministerio mutuo*. No hay mejor tiempo para servir a otros que en el ambiente del culto de adoración. A su exhortación al amor fraternal, el apóstol Juan añadió: "Y nosotros tenemos este mandamiento de él: El que ama a Dios, ame también a su hermano" (1 Juan 4:21). Cuando la adoración en la congregación parece intangible y etérea, Dios parece decir: "¿Dicen ustedes que me aman? Está bien, pruébenlo. Muestren su amor por el prójimo." Esa es la prueba del amor del creyente a Dios. No le debe decir a Dios que lo ama si no puede demostrar ese amor a otros. Al congregarse, los creyentes hallan muchas oportunidades para expresar su amor a Dios de manera tangible al manifestar su amor a los demás hermanos.

Se alaba a Dios, además, para *enseñar y reforzar la verdad espiritual.* Obsérvese cómo expresó Pablo esa idea: "Hablen entre ustedes con salmos, himnos y canciones espirituales. Canten y alaben al Señor con el corazón" (Efesios 5:19, NVI; véase también Colosenses 3:16). Pablo explicó la función horizontal de la alabanza de manera muy clara. Dijo que los creyentes se hablan con los cantos, y dijo de qué manera esto sucede, pues los creyentes se enseñan y exhortan unos a otros por medio de la alabanza.

Sería maravilloso si los hijos de los creyentes entendieran el contenido inspirador de los himnos. Al cantar las Escrituras y los himnos, se educa a los jóvenes en las verdades de la fe. Con muchos coritos se memorizan versículos bíblicos; es la mejor manera de aprender de memoria la Palabra de Dios. Incluso hay personas que componen melodías para memorizar mejor partes extensas de la Biblia, aunque esto forma parte de su tiempo devocional, pues no se pretende cantar estas composiciones más largas en público.

La alabanza también *da a los creyentes la oportunidad de profesar su fe delante de otros.* La alabanza congregacional ayuda a los creyentes a expresar su fe, pues da afirmación vocal de su amor al Señor Jesús y la fe que tienen en Él. Si se confiesa el nombre de Jesús en el culto de adoración, se halla más valor para declararlo delante de los incrédulos. Cuando algún creyente es demasiado tímido para confesar el nombre de Jesús en voz alta entre creyentes, nunca tendrá el valor para testificar de su fe a los incrédulos. Al levantar la voz en la congregación, el Señor aumentará su capacidad para expresar su fe a otros.

El siguiente punto se relaciona con el anterior, pues el creyente alaba en la congregación para *declarar las glorias de Dios delante de los incrédulos.* A menudo hay que recordar que la iglesia está bajo escrutinio en los cultos de adoración. ¿Qué impresión reciben los pecadores cuando escuchan las alabanzas de los creyentes y observan su rostro? ¿Reaccionan pensando: "Ya tengo bastantes problemas sin unirme a este grupo tan mórbido"? O, al contrario, ¿ven ellos la vitalidad y el entusiasmo que los convence que los creyentes participan en algo verdadero?

Cuando los incrédulos entran a los cultos de adoración, necesitan experimentar la realidad de la gloria del Señor. Los pecadores no tienen que entender todo lo que ven y oyen, con tal de que perciban la presencia de Dios. Las explicaciones sobre la manera de alabar de la iglesia no siempre mejoran su primera impresión, en particular si están decididos a criticar desde el principio.

El Salmo 108:3 declara: "Te alabaré, oh Jehová, entre los pueblos; a ti cantaré salmos entre las naciones." Dios nunca se propuso que sus alabanzas estuvieran confinadas al oído de los creyentes. Por demasiado tiempo el pueblo de Dios ha sido tímido en cuanto a la alabanza. Algunos pueden pensar, por ejemplo: "No voy a llevar a mi vecino al culto del domingo por la noche, porque entonces la iglesia se extralimita y no quiero que mi vecino pierda interés." No obstante, el culto de adoración puede ser el mejor lugar para llevar a un amigo que no sea salvo, porque cuando Dios manifiesta su presencia en medio de sus hijos, los incrédulos quedan cautivados por el poder convincente del Espíritu Santo y se acercan al Señor.

Algunas iglesias casi dan la impresión de ver que todos los que entren sean cristianos. Entonces cuando todos están reunidos en un pequeño círculo, se cierra la puerta y se bajan las cortinas para comenzar el culto de alabanza. Al contrario, hay que abrir las puertas de la iglesia, alzar las cortinas, abrir las ventanas, darle más volumen a la música y cantar las alabanzas al Señor delante del mundo.

En Oseas 6:11 dice: "Para ti también, oh Judá, está preparada una siega." Como Judá significa "alabanza", el Señor decía que los alabadores recogerían la cosecha. Una iglesia evangelista, próspera y grande, no tiene cultos de adoración mediocres, porque cuando la iglesia alaba recoge la cosecha de almas. La alabanza es evangelística y tiene el propósito de atraer almas a Dios. Los gerentes de ventas actuales han aprendido algo que Dios ya sabía, y es que la propaganda comercial da buenos resultados. Al alabar, la iglesia anuncia su fe al mundo. Les habla a otros acerca de la bondad, fidelidad, santidad, justicia, misericordia, ternura, amor y otras características de Dios. No hay mejor manera de hablar a los inconversos acerca de Dios Todopoderoso, a quien la iglesia sirve. Al elevar las alabanzas a Dios, la iglesia está segura de que la cosecha señalada vendrá.

Como consideración final, la alabanza y la adoración *son propicias para la receptividad de la Palabra de Dios.* Les he preguntado a muchos pastores: "¿Les parece más fácil predicar después que la congregación haya comenzado con la adoración?" La respuesta siempre es afirmativa. En primer lugar, después que el pastor haya adorado con su congregación, tendrá una mayor percepción de la presencia ungida del Espíritu; pero lo más importante es que, al adorar, las personas estarán más dispuesta a recibir la Palabra de Dios.

Hay una frase en Oseas 10:11 que dice: "Arará Judá." La alabanza ara el suelo del corazón del creyente para prepararlo para recibir la semilla implantada, que es la Palabra de Dios. La semilla plantada requiere agua. David le cantaba al Señor: "Visitas la tierra, y la riegas; en gran manera la enriqueces; con el río de Dios, lleno de aguas, preparas el grano de ellos, cuando así la dispones. Haces que se empapen sus surcos, haces descender sus canales; la ablandas con lluvias, bendices sus renuevos" (Salmo 65:9-10). El creyente experimenta el río de Dios en la adoración cuando su Espíritu fluye sobre su corazón y lo lava de nuevo. El río de Dios y sus lluvias celestiales ablandan el suelo del corazón del creyente y lo preparan para recibir la Palabra. Los verdaderos adoradores la reciben con gozo, pues la anhelan muchísimo.

La música y la adoración también desempeñan un papel en la preparación de los pastores para la predicación del mensaje. En el tercer capítulo de 2 Reyes está la interesante historia del tañedor de arpa llevado a Eliseo para calmar sus preocupaciones. Mientras el tañedor tocaba, se calmaron las emociones de Eliseo, y procedió a profetizar. Los predicadores saben que el culto de adoración es muy necesario en la preparación del corazón antes de ocupar el púlpito. Tienen la mente y el corazón inundados de muchas preocupaciones pero, al absorberse en el Espíritu, los predicadores pueden poner las emociones en armonía con Él, y estar listos para proclamar: "Así dice el Señor."

Las ramificaciones internas de la adoración

Después de considerar la relación vertical entre el adorador y Dios, y la horizontal entre los adoradores, se tendrá en cuenta ahora lo que la adoración realiza en el interior del creyente.

Primero: *Da libertad al pueblo de Dios para expresar, sin inhibiciones, su ser interior.* La expresión clave aquí es "sin inhibiciones". El Señor desea que se le adore sin reservas ni impedimentos internos.

La adoración sin inhibiciones no toma ninguna forma exterior especial, pero permite que el creyente sea tan transparente delante del Señor como lo será en el cielo.

Parece que los cristianos tienen a veces la capacidad de crear barricadas que los separan del Señor y entre sí. El Salmo 24:7 dice: "Alzad, oh puertas, vuestras cabezas, y alzaos vosotras, puertas eternas, y entrará el Rey de gloria." ¿A cuáles puertas se refiere el salmista? A las puertas del corazón, a las barreras que cada uno pone por dentro. La cultura enseña a que uno se proteja. La sociedad condiciona a las personas a levantar muros de inseguridad que las separe del que quiera acercarse. Cuando Dios quiere explorar el corazón del hombre, las barreras se levantan por instinto. Si el creyente está dispuesto a quitar esas puertas antiguas que ponen barricadas en el corazón, el Rey de gloria entrará.

La adoración también *suministra una expresión verbal de los sentimientos del corazón.* Hay creyentes que siempre tienen dificultad para expresar sus sentimientos al Señor. Puede ser difícil expresar lo mucho que Dios significa para uno. En tales casos, la adoración congregacional da la ayuda que el creyente necesita para expresarse. Existen muchos himnos y coritos escritos por poetas y autores de diferentes épocas que tenían un talento especial para expresarse con la pluma. Gracias a Dios por hombres como Carlos Wesley, que dejó una herencia enorme a los cristianos en sus cantos grandiosos que se han conservado a través de los años. Al cantar aquellos excelentes himnos de la Iglesia, el creyente descubre un vocabulario para expresar sus sentimientos; las palabras selectas se acoplan a una melodía hermosa, y el himno se convierte en una expresión significativa del corazón al Señor.

Como tercer elemento de las ramificaciones internas de la adoración, se ve que la adoración *aumenta la fe del creyente.* Cuando Jesús se apareció a sus discípulos después de la resurrección, "cuando le vieron, le adoraron; pero algunos dudaban" (Mateo 28:17). Lo triste es que mucha parte de la adoración del creyente también se mezcla con la duda; pero la alabanza y adoración de Dios es una manera de aumentar la fe.

Se sabe que la fe viene por oír la Palabra de Dios. A menudo cuando el creyente alaba a Dios, expresa la Palabra de Dios aprendida. Al comenzar a confesar la Palabra de Dios en alabanza, y a confesar a Dios por ser quién es, el creyente descubre que su fe se eleva al nivel de su confesión. De veras cree que Dios es tan grande y maravilloso como su alabanza lo indica. Este mundo sería diferente si los cristianos de todos los lugares creyeran, de verdad, que Dios es tan maravilloso y digno de reverencia como lo afirman al cantar. Se debe permitir que las alabanzas a Dios ensanchen la fe de los creyentes.

Al adorar, el creyente también *crece en santidad.* "Santo" es el adjetivo que mejor describe a Dios, y su santidad debe llegar a ser parte de la vida del creyente por medio de la adoración. El Salmo 115 habla de los dioses falsos de los paganos, los cuales no pueden ver, oler, caminar ni hablar. Entonces añade que "semejantes a ellos son los que los hacen" (v. 8). Aquí se aprende un principio valioso: Uno se vuelve semejante a lo que adora. También es cierto para el cristiano, pues al adorar al Señor se vuelve semejante a Él.

Los creyentes que pasan bastante tiempo con el Señor serán como Él. Algunas parejas han estado casadas tanto tiempo que llegan a parecerse hasta en la manera de caminar y hablar, y en su aspecto físico. ¡Ojalá que los creyentes tuvieran esa calidad de relación con el Padre!

2 Corintios 3:18 es un versículo hermoso sobre la adoración: "Por tanto, nosotros todos, mirando a cara descubierta como en un espejo la gloria del Señor, somos transformados de gloria en gloria en la misma imagen, como por el Espíritu del Señor." Cuando el creyente adora con el rostro levantado, de veras refleja la gloria del Señor, y así va cambiando poco a poco, pareciéndose más al Dios santo a quien adora.

Alguien podría decir: "Pues la adoración no me cambia. Salgo de la iglesia lo mismo que cuando entré." Si la adoración no cambia la vida de una persona, la razón es que esa persona no se ha quitado el velo del rostro delante de Dios. Los que bajan las barreras interiores y derraman su corazón delante de Dios, con lágrimas de arrepentimiento y contrición, conocerán la adoración que cambia la vida.

La Biblia da al creyente la seguridad de que "cuando se manifieste, seremos semejantes a él, porque le veremos tal como él es" (1 Juan 3:2). Adorar es ver al Señor. Y cuando el creyente lo vea en aquel día, será semejante a Él. No creo que este versículo hable exclusivamente del más allá. También da la promesa y garantía de que si el creyente lo ve hoy en la adoración, será semejante a Él. Es conveniente mantener el objetivo claro en la mente. Quizás el cristiano se vea tentado a desesperar en su vida, si no tiene el aliento de saber que se está transformando a la imagen de Cristo. El final del libro de Apocalipsis es muy animador, porque muestra al creyente la belleza del producto final, la esposa perfeccionada. Juan describe a la gloriosa esposa de Cristo como "diáfana como el cristal" (Apocalipsis 21:11); diáfana, sin sombra de pecado, completamente sin mancha en la santidad del mismo Dios. Ese es el destino divino del adorador.

La adoración también *inspira una consagración mayor a la vida de adoración*. Una cosa es adorar en la congregación, cuando los santos se reúnen en asamblea feliz, los músicos tocan los instrumentos y todo el mundo está unido en alabanza gloriosa; otra cosa es vivir en la adoración durante la semana, sin música y cuando ya se ha olvidado el ambiente cargado de espiritualidad de la iglesia. La adoración congregacional tiene el propósito de ayudar a inspirar al creyente a llevar una vida armónica de adoración toda la semana. Cuando la adoración del domingo es vibrante y real, el creyente toma nuevo ímpetu para seguir así durante la semana. El culto de la iglesia es tiempo de práctica; afuera en el mundo se descubre de veras si se aprendió la lección.

Por último, la adoración *prepara al creyente* para la próxima cosa que Dios quiere hacer. Sin duda, Dios sigue haciendo cosas nuevas (véase Isaías 43:19), y quiere preparar a sus hijos para que se muevan con Él en su obra. ¿Qué impide que Dios envíe el derramamiento final que verá la culminación de los siglos? Dios prepara gente (véase Lucas 1:17). Dios prepara a su pueblo, pero la Iglesia necesita cooperar con Él para que se cumpla su voluntad.

La alabanza y la adoración tienen efectos preparatorios. "El que sacrifica alabanza me honrará; y al que ordenare su camino, le mostraré la salvación de Dios" (Salmo 50:23). La adoración ablanda el corazón del creyente y le da sensibilidad a su espíritu, para que cuando Dios se mueva, él lo sepa. Cuando Dios hace algo nuevo, a menudo viene de manera original e inesperada. Si el creyente no está en armonía con el Espíritu Santo, puede rechazar con facilidad la cosa nueva que Dios quiere hacer; pero si lo contempla incesantemente en la adoración, verá cuando Él se mueva y en qué dirección va.

Es posible que la Iglesia sepa lo que Dios hace en la tierra en la actualidad. El escritor del Salmo 73 se quejaba de que el malo parecía prosperar y el justo parecía sufrir: "Cuando pensé para saber esto, fue duro trabajo para mí, hasta que entrando en el santuario de Dios, comprendí el fin de ellos" (Salmo 73:16-17). Al ir al santuario de Dios, el salmista comprendió. Y así los creyentes comprenden hoy día los caminos de Dios, mediante la adoración en su santuario, en la congregación. Cuando los hijos de Dios se congregan para adorarlo, uno viene con un mensaje, otro con una exhortación u otro con una profecía; así el cuadro surge y toma forma. Al reunir las contribuciones de todos los santos de la congregación, la iglesia aprende acerca de lo que Dios dice y hace en la tierra en el presente.

Capítulo 7

El movimiento profético en la alabanza y la adoración

La alabanza y la adoración son complementos naturales de la función de los dones del Espíritu (véase 1 Corintios 12:4-11), en particular la profecía; ambas se relacionan con el ministerio profético y tienen interacción con él. Hay una variedad de modos mediante los cuales el creyente puede funcionar de manera profética en la adoración. Quizás la forma más común del ministerio profético es la profecía oral. Algunas iglesias ponen énfasis en el uso de cantos proféticos. En este capítulo se pondrá más atención a los aspectos musicales de la profecía y su papel y función en la adoración congregacional. Al descubrir lo que es la adoración profética y cómo se mueve en ella la congregación, también se descubrirá toda una nueva dimensión en la relación de adoración del creyente con Dios.

Se necesita una definición funcional de lo que se quiere decir al hablar del "movimiento profético" en la adoración. La siguiente declaración servirá como definición: "Moverse proféticamente en la adoración es moverse con el conocimiento del deseo y la dirección del Espíritu momento a momento, discernir la dirección del Espíritu, y dirigir al pueblo de Dios a una participación más completa en ella." Cuando uno se mueve proféticamente en la adoración, no tiene que levantarse y decir: "Así dice el Señor . . ." Esa es una aplicación muy clara del manto profético. En este sentido más amplio, los líderes de la congregación se proponen discernir el movimiento del Espíritu en medio del culto de adoración, y luego intentan ayudar al pueblo de Dios a prepararse para recibir tal influencia. El director de adoración puede darse cuenta de que algo estorba a los santos en cierto culto, y luego puede percibir en el Espíritu lo que hay que decir o hacer para corregir el problema. Al discernir la mente del Espíritu, el director de adoración puede corregir una situación difícil, y esta es la esencia del flujo en la unción profética.

Cualquier líder eclesial sabe que se encuentran muchas dificultades pequeñas en los cultos de adoración. Tales cosas asustan tanto a algunos líderes de adoración que llegan a renunciar a sus puestos. Lo que el líder de adoración necesita, no obstante, es informarse de los distintos obstáculos y problemas que pueden ocurrir. El Espíritu puede ayudar a que el líder entienda el problema, y después darle la sabiduría sobrenatural para tratarlo.

Vale decir que Dios quiere que los líderes, especialmente en la música, funcionen bajo la unción profética; pero hay que ampliar esa declaración aun más para decir que Dios quiere que todos los creyentes participen en la adoración profética.

La adoración profética

¿Qué significa la adoración profética? Su prototipo está en Génesis cuando el Señor Dios descendía al huerto de Edén, al aire del día, para comunicarse con Adán y Eva (véase Génesis 3:8-9). La adoración profética es sencillamente caminar y hablar con el Señor. Dios siempre ha ordenado que la adoración sea algo más que un monólogo del creyente que le expresa sus sentimientos a Dios. La adoración es más que sólo hablarle a Dios; también es que Él le hable al creyente. La adoración es un intercambio, un diálogo.

Se ha dicho que la adoración es el lenguaje del amor. Cuando el creyente adora le expresa su amor a Dios; pero el amor debe fluir como medio de comunicación entre dos individuos. Debe haber toma y daca, el hablar y el escuchar, la transmisión y la recepción. Al expresarle el amor a mi esposa, no me extiendo en la explicación de mis sentimientos, ni ocupo la conversación exclusivamente con mis opiniones, sino que le doy la oportunidad de responder para que dé expresión a sus emociones.

La adoración debe contener ambos elementos para que sea completa. Debe constar de las expresiones del creyente a Dios, y también el creyente debe escuchar las respuestas de Dios. En muchos cultos de adoración se canta, grita, alaba, habla en lenguas, y también se expresa el amor a Dios en la adoración; pero entonces el líder dice: "Pueden sentarse." No se da oportunidad a Dios de responder. Él quiere hablarle al creyente y expresarle sus sentimientos. Tal vez no haya tiempo para escuchar a Dios porque hay un predicador invitado para ese domingo, o la dedicación de un niño, o quizá la congregación se sienta satisfecha de haber dado expresión a sus emociones, pero Dios no ha tenido la oportunidad de hablarle. Por no reconocer la relación entre la alabanza (la congregación habla) y la profecía (Dios habla) se pierde un elemento muy importante de la adoración.

El enlace bíblico entre la música y la profecía

Hay un plano a disposición de los creyentes en el ministerio musical del cual no disfrutarán los que crean que el don o la unción proféticos ya no son para el uso de la iglesia contemporánea. No se dice esto por desprecio a los cristianos que no creen en la plenitud del Espíritu Santo manifestada, como se sabe, en el hablar en lenguas, los dones del Espíritu, y así sucesivamente; pero la triste verdad es que aquellos buenos hermanos, al no creer, dejan de alcanzar un plano más completo y bendito en la alabanza y la adoración y, si no aceptan el papel de la profecía en la música y la adoración, nunca tendrán el gozo de participar en ella.

La Biblia muestra la hermosa relación que existe entre el papel de la música en la iglesia y la función de la profecía. No se trata sólo de la música vocal, sino también de la instrumental. En 1 Crónicas 25:1 dice que David y los líderes de Israel apartaron a ciertos músicos levitas específicamente "para el ministerio . . . para que profetizasen con arpas, salterios y címbalos". El versículo 3 menciona a algunos levitas, y dice que eran los que "profetizaba[n] con arpa, para aclamar y alabar a Jehová". Hay dos maneras de interpretar esos versículos. Se podría decir que los levitas profetizaban mientras se tocaban instrumentos musicales; o que tocaban los instrumentos bajo la influencia profética.

Saúl tuvo una experiencia asombrosa cuando Samuel lo ungió por rey sobre Israel. Después de ungirlo, Samuel le profetizó cosas que le ocurrirían aquel día, para que estuviera seguro del llamamiento del Señor (1 Samuel 10:5-6).

Los versículos siguientes dicen que eso fue exactamente lo que pasó. Imagine el lector esa escena: del lugar alto descendía una banda de músicos que tocaban sus instrumentos, con un grupo de profetas que cantaban y profetizaban al caminar. Quizás uno tomó la lira y tocó una melodía. Entonces el Espíritu de Dios descendió sobre un profeta, que profetizó y alabó el nombre del Señor. Mientras los músicos tocaban, se manifestó la profecía y Saúl participó en ella.

El profeta Eliseo también reconocía la relación íntima que existe entre la música y la profecía. Una vez estuvo en una situación en que se esperaba que profetizara, pero no quería. Debía comparecer ante los reyes de Israel y Judá, quienes habían unido sus fuerzas contra Moab. Joram, el rey malo de Israel, estaba a un lado, y Josafat, el rey piadoso de Judá, estaba al lado opuesto. Antes de atacar a Moab, Josafat le preguntó a Joram si había un profeta en Israel que tuviera un mensaje de Dios. Y Joram mandó a llamar a Eliseo.

Eliseo llegó lleno de indignación justa y le dijo al rey de Israel: "Vive Jehová de los ejércitos, en cuya presencia estoy, que si no tuviese respeto al rostro de Josafat rey de Judá, no te mirara a ti, ni te viera" (2 Reyes 3:14). Estaba enojado. No le gustaba nada el impío Joram, y no vacilaba en decirlo. Su espíritu estaba agitado, y le pedían que profetizara. Dijo: "Traedme un tañedor. Y mientras el tañedor tocaba, la mano de Jehová vino sobre Eliseo, quien dijo . . ." (vv. 15-16). Es muy difícil profetizar cuando el espíritu o el alma están perturbados. Eliseo sabía calmar su espíritu. Pidió un músico, y mientras el tañedor tocaba el arpa, su espíritu se calmó, y sintió que el Espíritu de Dios se agitaba en su corazón, y el ministerio profético fluía. La música puede ensanchar el flujo profético al calmar el corazón para que el creyente sea más receptivo del Espíritu de Dios.

El músico puede funcionar de modo profético también. Al tocar con sensibilidad al Espíritu, el músico puede hacer más en pocos minutos para que el corazón del creyente se abra al Señor de lo que podrían lograr tres horas de predicación. Un canto profético y ungido que se toca en un instrumento puede añadir mucho a la calidad de un culto de adoración.

El "canto del Señor"

La Biblia dice que el Señor se une a la congregación en el canto (véase Sofonías 3:17). Cuando la iglesia le canta alabanzas a Dios, Él responde con cantos también. El Salmo 22:22 dice: "Anunciaré tu nombre a mis hermanos; en medio de la congregación te alabaré." Es un salmo mesiánico que habla mucho del Señor Jesús. El autor de Hebreos también aclaró que Jesús era el que hablaba en este pasaje (véase Hebreos 2:12). Es decir, cuando la congregación alaba al Señor, Jesús la acompaña al cantar alabanzas al Padre. El Padre canta con los santos, y el Hijo canta en medio de la congregación. Ese es el canto del Señor.

"El canto del Señor" se usa ampliamente para referirse al canto profético, es decir, la expresión profética cantada al Señor o a los creyentes (véase 2 Crónicas 29:27). ¿Qué era ese cántico de Jehová? ¿Era un canto profético o una expresión espontánea bajo la unción de Dios? El Salmo 137:1-4 da más información acerca de esa expresión: "Junto a los ríos de Babilonia, allí nos sentábamos, y aun llorábamos, acordándonos de Sion. Sobre los sauces en medio de ella colgamos nuestras arpas. Y los que nos habían llevado cautivos nos pedían que cantásemos, y los que nos habían desolado nos pedían alegría, diciendo: Cantadnos algunos de los cánticos de Sion. ¿Cómo cantaremos cántico de Jehová en tierra de extraños?"

Ese "cántico de Jehová" es también "los cánticos de Sion". Eran los cantos de alabanza y adoración favoritos de la época. Como se sabía que esos cantos de Sion eran hermosos y deleitables, era de esperar que los babilonios que habían cautivado a Israel desearan oírlos y exigieran que los cantaran.

Si la expresión "cántico de Jehová" no se aplica al canto profético en la Biblia, entonces ¿se debiera evitar? No necesariamente, pero opino que la cuestión no es clara. Con frecuencia se llama a un canto profético "canto del Señor" cuando es sólo el canto de un hombre. ¿Qué término, entonces, describe mejor los cantos proféticos? Pues bien, la expresión "canto profético" es apropiada, pero Pablo los llama "cánticos espirituales", término del que se hablará más tarde.

La adoración profética puede tomar una forma muy hermosa cuando un cantor, bajo la unción profética del Espíritu, canta el "cántico de Jehová" o la canción profética, de modo que todos los santos puedan escuchar y participar en la canción que Jesús canta entre su pueblo. Las profecías orales son muy buenas y significativas, pero las cantadas pueden serlo aun más, sencillamente porque el canto es más agradable al oído que la palabra hablada. Ambas formas cumplen su fin, pero una es más elevada que la otra. Por eso, si alguien tiene un mensaje profético para la congregación en medio del culto de adoración, tal vez quiera cantárselo a los santos.

Un versículo más merece la atención en la consideración de la música y la profecía: "Entonces el rey Ezequías y los príncipes dijeron a los levitas que alabasen a Jehová con las palabras de David y de Asaf vidente; y ellos alabaron con gran alegría, y se inclinaron y adoraron" (2 Crónicas 29:30). A Asaf se le llama "vidente" aquí. Asaf era el músico principal en tiempos de David; era el director de música. También era vidente. Tenía una definida unción profética sobre su ministerio de la música. El Señor quiere que los directores de música sagrada tengan la unción profética. Muchas iglesias tienen músicos capaces que no saben nada de lo que es moverse en la unción del Espíritu. Para ser director de música se debe manifestar algo más que la capacidad musical; también hay que desplegar la capacidad para fluir proféticamente con el movimiento del Espíritu Santo en la congregación.

Un paso más. Si Dios ha llamado a alguien al ministerio de la música, si esa persona sabe que Dios la ha llamado para ser cantante, líder de adoración o músico, sugiero que Dios quiere que esa persona funcione proféticamente. Él no llamaría a nadie al ministerio de la música sin equiparlo también para desempeñarlo.

Salmos, himnos y cánticos espirituales

El apóstol Pablo se refirió a un elemento de adoración profética cuando mencionó "salmos, himnos y cánticos espirituales" (véanse Efesios 5:19; Colosenses 3:16). Ha habido una diferencia considerable de opiniones acerca de lo que Pablo quiso decir cuando usó tales palabras. Las siguientes definiciones merecen un estudio cuidadoso.

No hay duda de que cuando Pablo habló de *salmos* se refería al canto de las Escrituras. Los Salmos comprendían la mayoría de los himnos de la Iglesia Primitiva. Estoy seguro de que también se usaban partes de otros libros, como Isaías, el Pentateuco, etcétera. Hoy día se cantan "salmos", o sea, las Escrituras con tonadas contemporáneas.

El *himno*, palabra usada por Pablo, no es nada más que un canto de composición humana. La letra no se copia de las Escrituras, sino que se compone en la mente del poeta, y después se le pone la música que la embellece. Según esta definición, la mayoría de los cantos de los himnarios caen bajo la categoría de himnos que da Pablo. También hay muchos coritos que se cantan en la actualidad que pueden estar en la categoría de himnos. No son himnos en el sentido de formar parte de los himnarios, pero son cantos cortos de alabanza y adoración compuestos por un individuo bajo la unción creadora del Espíritu Santo. Como tales, también se pueden llamar himnos.

La razón para mencionar los coritos es que hay personas que sugieren que son en realidad "cánticos espirituales". Al decir eso, tales personas pasan completamente por alto la belleza de la esencia verdadera de los "cánticos espirituales". Otra razón para poner énfasis en este punto es que algunos creyentes sinceros han usado este versículo de Pablo para defender el uso de himnarios en la iglesia, pero Pablo no hablaba de los himnarios modernos. El "himno" que se conoce hoy día es una forma artística que surgió dentro de los últimos siglos; los himnos no existían en la época de la Iglesia Primitiva. Por eso, las Escrituras no dan una sanción sagrada a los "antiguos himnos" de la Iglesia. No hay nada sagrado en sí en la forma del himno que se conoce ahora. No estoy en contra de los himnarios, sino del uso de Efesios 5:19 como premisa bíblica para mantener los himnarios en las iglesias.

Como Pablo no se refería a los himnarios que muchas iglesias han usado en años recientes, ¿se debiera entonces cantar los himnos que son tan conocidos y amados? Por supuesto, pero la razón para ello debe ser diferente de: "La Biblia dice que se canten himnos a Dios." Algunas iglesias carismáticas contemporáneas han eliminado del todo el uso de los himnarios, sin violar la recomendación de Pablo.

Los *cánticos espirituales* son sencillamente "cantos del espíritu", o sea canciones espontáneas que el espíritu del hombre eleva al Señor. A veces se expresan en la lengua nativa, y otras veces en lengua desconocida. Por lo general, no son premeditadas ni estudiadas, sino ofrecidas de modo espontáneo a Dios.

La belleza de los cánticos espirituales está en su individualidad. Todo adorador puede cantar su canto espiritual único al Señor; es una ofrenda que agrada mucho a Dios porque es la expresión genuina de cada individuo. Muchas iglesias permiten el canto de salmos e himnos, pero relativamente pocas los cánticos espirituales. Con todo, este tipo de canto espontáneo puede ser una de las expresiones más satisfactorias de alabanza y adoración que se den al Señor. Con los cánticos espirituales el creyente puede pasar con más facilidad a los planos de la adoración profética.

Otra manera hermosa de cantar los cánticos espirituales es cuando el director de música escoge la melodía de un corito conocido y, en vez de cantar las palabras que sabe todo el mundo, le dice a la congregación que cante la misma tonada pero con las palabras que cada uno quiera poner para alabar y dar gracias al Señor. Así se puede cumplir la orden bíblica de "cantar un cántico nuevo" al Señor, y ni siquiera hay que aprender una tonada nueva.

Una vez fui a una reunión de oración en un hogar y me tocaba dirigir la adoración. Durante la preparación para la adoración, no podía pensar en ningún canto que quisiera cantar. Repasé toda la lista y nada me llamaba la atención. Entonces decidí que no cantaríamos ninguna canción. Más bien, con la melodía del corito "Aleluya", cantamos nuestros propios versos al Señor. Todos pudimos elevar la voz con una expresión significativa de amor y agradecimiento al Señor, y no tuvimos que aprender una tonada nueva para lograrlo. Había una libertad hermosa en el grupo esa noche, y aprendí una lección valiosa: no hay que cantar cantos conocidos para adorar. También se pueden cantar "cánticos espirituales".

Otra forma musical que ha ganado popularidad más recientemente es el canto de cánticos espirituales con cierta sucesión de acordes. Esta técnica musical puede ser en sí una forma de arte difícil de dominar.

Por lo general, hay dos niveles de cánticos espirituales. En el primero se canta de manera espontánea al Señor para el deleite exclusivo de Él y del creyente. En el segundo, el cántico espiritual es para beneficio y edificación de toda la congregación; entonces, los cánticos espirituales pueden tomar por lo menos cuatro formas. En el sentido más amplio, se puede cantar un cántico espiritual que no sea más que una alabanza sencilla al Señor que se exprese a oídos de la congregación. Ese tipo de cántico espiritual no requiere que el cantante tenga una gran unción profética. Tal vez una persona desborde de agradecimiento al Señor por su bondad, y sienta que el canto de acción de gracias sería de bendición e inspiración para todo el grupo. Entonces canta un canto nuevo y espontáneo de agradecimiento al Señor a oídos de la congregación, quizás con un micrófono. (Los líderes de cada iglesia deciden acerca del uso de micrófonos para el canto en público.) Después de que se cante, la congregación puede juzgar si tal expresión es apropiada. Si el nivel general de la adoración y la alabanza aumenta debido a ese cántico espiritual espontáneo, entonces hay seguridad de que se hizo en el Espíritu. Si ocurre lo opuesto, hay que aprender de los errores y tratar de mejorar la calidad y el contenido de los cánticos espirituales.

La expresión más precisa de un cántico espiritual sería la llamada "el cántico de Jehová". En este tipo de expresión, el cantor percibe de modo profético el canto del Esposo para su desposada y lo presenta a la congregación. Muchas veces se canta en la primera persona del singular. Por ejemplo: "Pueblo mío, me glorío en tus alabanzas." Así el Señor le habla a su iglesia por medio de un vaso humano que comunica una percepción profética.

Otro tipo de cántico espiritual es muy semejante a la profecía hablada, sólo que es cantada. Como expresión profética debe conformarse a las normas de 1 Corintios 14:3, es decir que debe edificar, exhortar o consolar al pueblo de Dios. El cantante da un mensaje profético de exhortación o consuelo del Señor para su pueblo.

Por último, el cántico espiritual podría ser un reflejo de un canto celestial. Por introspección profética, una persona podría cantar a la congregación un canto que en ese momento se canta en el cielo alrededor del trono de Dios.

Se requiere un esfuerzo para mantener el equilibrio entre los salmos, los himnos y los cánticos espirituales. Cuando hay desequilibrio en alguna parte, pronto se desarrolla una rutina característica. Hay pastores que, para mantener el canto de himnos, le piden al director de adoración que cante por lo menos un canto del himnario en cada culto. Se pueden incluir himnos en el repertorio de la iglesia aunque no se tengan himnarios.

En la búsqueda del equilibrio entre los salmos, los himnos y los cánticos espirituales, la mayoría de las iglesias tiende a descuidar la última categoría, probablemente porque los cánticos espirituales requieren mucha iniciativa individual. Muchas personas son introvertidas cuando se trata de expresarse delante de Dios en compañía de otros creyentes. Hay que entrenar a la congregación para que responda al Señor sin buscar el estímulo del líder de la adoración.

Esto es para todo el mundo

Al leer estas líneas, en particular lo relacionado con los cánticos espirituales, uno pensaría tal vez: "Nunca podría hacer eso porque no tengo esa clase de unción profética en mi vida." Hay un "espíritu de profecía" sobre todos los santos de Dios, si lo reconocen y aceptan. En Apocalipsis 19:10 dice: "El testimonio de Jesús es el espíritu de la profecía." Esto sugiere dos cosas: Al testificar de Jesús, el espíritu profético se posa sobre el creyente y, al profetizar, el creyente debe testificar de Jesús.

Además, la Biblia demuestra que Dios desea que *todo* su pueblo funcione de modo profético. El germen de esta idea ocurrió al principio de la historia de la nación de Israel cuando sus ancianos fueron a un lugar apartado, con Moisés y Josué, a buscar al Señor (véase Números 11). Cuando el Espíritu de Dios descendió sobre los setenta ancianos, todos profetizaron. Dos ancianos, que tenían otros compromisos, no pudieron estar con los demás, pero el Espíritu vino sobre ellos mientras estaban en el campamento, y también profetizaron. Alguien corrió a informar de eso a Moisés, y Josué dijo: "Señor mío Moisés, impídelos." Obsérvese la reacción de Moisés: "¿Tienes tú celos por mí? Ojalá todo el pueblo de Jehová fuese profeta, y que Jehová pusiera su espíritu sobre ellos" (Números 11:28-29). Es bien posible que Joel pensara en esa oración de Moisés cuando profetizó el derramamiento del Espíritu "sobre toda carne" (Joel 2:28). El deseo de Moisés se ha vuelto realidad en esta época del Espíritu Santo pues, desde el día de Pentecostés (véase Hechos 2), Dios ha puesto su Espíritu de manera indiscriminada sobre todos los pueblos y naciones.

Cuando yo comenzaba a entender el papel de la profecía en la adoración, quería que el Señor me empleara de modo profético, pero no estaba seguro de que esa fuera su voluntad. Le pregunté: "¿De veras quieres emplearme de modo profético?" Yo no había funcionado así antes, ni había tenido la experiencia de que alguien me impusiera las manos para impartirme el don de profecía. No había oído una voz del cielo, ni me había corrido escalofrío por la columna vertebral. Entonces, ¿cómo lo sabría? El Señor me llamó la atención a los versículos considerados antes (1 Crónicas 25:1,3; 1 Samuel 10:5-6; 2 Reyes 3:15-16; 2 Crónicas 29:30), y me di cuenta de que como el Señor me había llamado al ministerio de la música y me había ungido para dirigir la adoración, también quería que tuviera un manto profético sobre mi vida y ministerio. En efecto, acepté que Él ya me había dado la unción profética. Lo que me faltaba hacer era ponerla en práctica. Así lo hice. Funcioné con la unción profética y, en seguida, descubrí que otros la confirmaban como verdadera.

El paso de fe

Un principio hallado en Romanos 12:6 es de mucha importancia para desatar la unción profética en la vida: "Si el don de alguien es el de profecía, que lo use en proporción con su fe" (NVI). Por la fe se abre el don profético. La primera vez que alguien se atreve a funcionar de modo profético, necesita una fe abundante. Si el creyente no está listo a ejercer su fe así, Dios nunca lo empleará en el plano profético. Si espera un rayo del cielo o hasta que el mensaje profético le queme el corazón de modo que no pueda abstenerse de proclamarlo, la espera será larga. Cuando el creyente sabe que Dios desea que profetice, debe abrir ese flujo con un paso de fe.

Hay que prepararse para afrontar las consecuencias. Al entrar al plano de lo profético por primera vez, el creyente podría recibir una reprimenda o corrección del pastor; pero si espera hasta que pueda presentar un mensaje perfecto y maduro, no pasará nada. Hay una buena posibilidad, sin embargo, de que en vez de una reprimenda el creyente reciba la hermosa confirmación de la unción profética. Al dar el paso de fe y dejar que la unción halle confirmación, él se siente animado a volver a ejercitar su fe.

Uno podría preguntarse: "Si diera el paso de fe ahora mismo, y proclamara el mensaje que tengo en el corazón, ¿qué es lo peor que podría ocurrir?" El pastor podría regañarlo desde el púlpito. Los ancianos podrían expulsarlo de la iglesia. La familia podría avergonzarse e insistir en un cambio de iglesia. Después de nombrar lo peor que pudiera pasar, hay que preguntarse si vale la pena. Yo preferiría arriesgarme a lo que pudiera pasar si Dios me usara, que a no correr ningún riesgo y que Dios nunca me usara. Anhelo tanto que Dios me use que estoy dispuesto a arriesgar la excomunión, o cualquier otra cosa, si es necesario. Todos necesitan llegar a una conclusión semejante para cobrar ánimo para hablar con toda sinceridad.

Casi siempre que el creyente funciona de modo profético requiere la iniciativa de la fe. No importa cuánta experiencia se tenga en este plano, cada vez se debe ejercer la fe de nuevo.

"Porque no hará nada Jehová el Señor, sin que revele su secreto a sus siervos los profetas" (Amós 3:7). Dios tiene mucho que decir a su pueblo. Uno piensa que tiene mucho que decirle a Dios, pero ¡cuánto más tiene que decir a su Iglesia la mente más excelsa del universo! Hay que darle oportunidad de responder a la Iglesia en sus cultos de adoración, de manera que la adoración se convierta de veras en un diálogo hermoso entre el Esposo y la Esposa.

Segunda parte

La dirección de la alabanza y la adoración

Capítulo 8

El arte de dirigir la adoración

Este capítulo trata del "arte" de la dirección de la adoración porque la dirección es una capacidad aprendida. Los directores de adoración no surgen de la noche a la mañana. Así como el predicador mejora su pericia en la comunicación, y el maestro aprende por experiencia a aumentar su eficacia, también puede el director de la adoración esperar que mejore con el tiempo y la práctica. En esta sección se estudiarán muchos aspectos decisivos de la dirección de los cultos de adoración. Se presentarán sugerencias e ideas para poner en práctica la alabanza y la adoración.

La necesidad de un director de adoración

Tal vez no se necesite un director de adoración en cada situación. En reuniones tales como la oración en los hogares el grupo bien puede tener un tiempo corto de alabanza y adoración sin un director de adoración designado. Si el grupo puede funcionar sin un director de adoración, se debe al pequeño número de participantes. Toda reunión grande debe casi siempre tener un director designado, y aun en los grupos pequeños es mejor tener una persona responsable de dirigir el canto. Un director da enfoque y dirección al tiempo de alabanza, mientras que las reuniones que son completamente abiertas para que todos inicien un canto, pueden pasar sin un propósito aparente, y aun resultar desordenadas.

El canto congregacional exige que se nombre un director de

adoración. Las ovejas necesitan seguir a alguien; sin un director se descarrían sin meta fija. El liderazgo apropiado es esencial para mantener la unidad dentro de un grupo. Cuando un director de adoración planea un culto, todos los cantos fluyen juntos según sus ideas. Si muchas personas dirigen los cantos, con cada canto que se inicia con ideas y perspectivas diferentes, el culto irá cambiando de énfasis y dirección. Al seguir la dirección de un director, el culto se enfoca y hay fuerza en la unidad consecuente dentro de la congregación.

El director de adoración también une a los músicos y la congregación con ritmo. El ritmo sostenido y armónico es esencial para el flujo suave en la adoración, por eso debe haber una persona autorizada para decidir y mantener el ritmo de los cantos. A veces esa persona puede ser el pianista o quien toca el tambor pero, por lo general, es el director de adoración. También como algunos cantos cambian de compás de las estrofas al coro, el director señalado establece el nuevo compás. También indica los calderones donde puedan ocurrir. Como es responsable de muchas cosas, su posición es estratégica para el flujo de la adoración en la iglesia.

Los requisitos de un director de adoración

Las normas y requisitos de los directores de adoración varían, como es natural, de una iglesia a otra. En algunas, se pide a los pastores que dirijan la adoración. En otras, el que sea anciano o miembro del comité de la iglesia ya ha cumplido con el único requisito para esta función; pero si la eficacia del director de adoración es, de veras, de importancia vital para el éxito del culto, entonces se debe dar mayor consideración a la preparación que el director de adoración debe tener para tal posición. Los nueve requisitos siguientes creo que lo son los más esenciales que se deben exigir a cualquier director de adoración:

1. *El director debe ser adorador.* Este requisito viene antes que todos los demás porque el que no es adorador no tiene por qué hacer creer que dirige a otros en la adoración. En una iglesia a la que yo asistía, el pastor quiso que cierta persona recién llegada se sintiera bienvenida y participara en la congregación, así que le pidió que dirigiera la adoración un domingo por la

noche. Esa conducta contradice por completo el primer requisito. Supongo que la dirección del culto era considerada una buena manera de hacer que alguien se sintiera como participante, y no les importaba si esa persona satisfacía o no la primera condición, es decir, la de ser adorador. A otros se les hace directores de adoración porque tienen una voz bonita o buen oído para la música, o porque les gusta cantar y aun adorar; pero hay diferencia entre el gusto por la adoración y el ser adorador. El adorador es alguien que ha aprendido la disciplina diaria de someterse al liderazgo completo de Cristo, sin tener en cuenta sus emociones ni las circunstancias de la vida. El director de adoración debe demostrar esa cualidad de corazón y vida.

2. *No debe ser novicio,* sino debe tener una experiencia espiritual comprobada y profunda, para dirigir los cultos de adoración.

3. *El director debe conocer el estilo de alabanza y adoración de su iglesia.* Cada iglesia tiene su estilo y gusto únicos en los cuales debe poder funcionar el director de adoración. Al nuevo director se le deben dar tiempo y oportunidad para familiarizarse con el estilo de adoración de la iglesia, y su repertorio de cantos, antes de que trate de dirigir a la congregación en la adoración.

4. *El director debe tener inclinación musical a un nivel aceptable.* Cada iglesia debe decidir ese nivel de aceptabilidad que el candidato a director debe satisfacer. Es improbable que se ponga a alguien en la posición de director de adoración si no puede cantar la melodía de un canto. Tal persona podría tener más eficacia en otro ministerio.

5. Está de más decir que *el director debe tener buena reputación en la congregación.* Si no se respeta a alguien por su andar diario con Dios y su vida familiar, no ganará al instante el respeto de la gente sólo por situarse detrás del púlpito.

6. *El director debe poder funcionar como parte de un equipo.* Hay personas tan individualistas que no pueden llevarse bien con otros. Todo director de adoración debe ser flexible para trabajar con el pastor y los demás miembros del equipo de adoración.

7. *El director debe tener buena actitud hacia la iglesia, el*

pastor y la doctrina de la iglesia. Si tiene resentimientos ocultos contra el pastor, o diferencias doctrinales mayores con la iglesia, podría ser lastimoso, por estar en una posición tan visible como la de director de adoración, que saliera bajo circunstancias negativas.

8. *Debe estar dispuesto a dedicarse a su posición, sacrificando la prerrogativa de visitar otras iglesias o asistir a eventos especiales en otra parte.* Aunque un evangelista famoso tenga una cruzada en la misma ciudad, el director debe hallarse dirigiendo la adoración en su propia iglesia. Como el pastor, el director de adoración debe estar allí para todos los cultos en los cuales deba participar, excepto en caso de enfermedad o emergencia.

9. Por último, *sería bueno que el director de adoración tuviera una personalidad entusiasta, amistosa y amable.* Si no es entusiasta en su dirección, es improbable que la congregación responda con entusiasmo. Si no es amistoso y no tiene buenas relaciones sociales con la gente, no es probable que lo reciban bien cuando esté detrás del púlpito. A los santos les será difícil dar su lealtad a un introvertido social.

El propósito de esta lista de requisitos no es desanimar a los candidatos para que no sean directores de adoración. Sin embargo, hay que considerar con seriedad su designación. Quizás la mayoría de las iglesias considere estos nueve aspectos como requisitos mínimos de los directores. Los que quieran llegar a serlo deben aceptar el reto y la emoción de lograr los requisitos.

Con todo, se debe distinguir entre los requisitos que hay que satisfacer antes de tomar la posición, y las capacidades que se deben aprender con el tiempo y la experiencia. Si se ponen exigencias muy estrictas, nadie podría llenar los requisitos. La mayoría de las capacidades para dirigir la adoración se aprenden sólo por la experiencia, y no sería lógico exigírselas al novicio. Si están dispuestos y tienen talento, los directores de adoración mejorarán y desarrollarán pronto la eficacia de su ministerio. La experiencia es el ingrediente necesario.

El director de adoración se siente estimulado continuamente a ser la clase de persona que Dios quiere que sea, y debe dedicarse a cumplir con su llamamiento. Tiene que vivir lo mismo cuando está detrás del púlpito que cuando no lo está, para que ande como es digno de su llamado y ministerio. No debe ser una persona detrás del púlpito y otra el resto del tiempo. Hay personas que asumen una personalidad de púlpito, una apariencia artificial y seudoespiritual, para tratar de causar una buena impresión en la gente con su conducta teatral y estilo florido. Tales fachadas falsas no les ganan el cariño de la iglesia. Los hermanos pueden amar al director, pero disgustarse con la "persona" en que se convierte los domingos. Cualquier congregación responde con más gratitud a la sinceridad de la persona real. El que acepta un ministerio como el de dirigir la adoración, también recibe mucho ímpetu para hacer que su vida armonice con el llamado. En vez de permitir que la falta de espiritualidad lo desanime de la participación, el director debe dejar que la responsabilidad de dirigir la adoración lo estimule y motive en su andar espiritual con Dios. Los que se presentan ante los hermanos como ejemplo de adoradores tendrán mucha más motivación para serlo durante la semana.

Aunque el director de adoración debe tener en cuenta al hombre interior como elemento de mucha importancia, eso no significa que deba descuidar al hombre exterior, pues es un hecho real que el hombre mira la apariencia externa. Como está en una posición muy visible, algo que se observa sin falta es su manera de vestir. Sus trajes o bien pueden distraer a la gente, o bien pueden ser de buen gusto, pero sin llamar mucho la atención. La congregación puede adorar con el director de adoración, reírse de él, o envidiar sus trajes, según su buena o mala manera de vestir. Debe vestirse bien, con modestia, de modo propio, y llevar ropa a la medida, con colores y diseños que hagan juego. Para eso no hay que gastar mucho dinero. Los trajes demasiado elegantes no son un requisito del director de adoración. Aunque no necesita vestirse según el último grito de la moda, debe evitar los trajes anticuados. Si tiene cuidado, puede vestirse con gusto y de manera atractiva aun con el presupuesto más económico.

La experiencia musical del director

Mientras más entienda de música, tanto más podrá el director coordinar los aspectos musicales y espirituales de la adoración. Aunque sienta una unción muy grande, hay ciertas cosas que puede hacer para mejorar su capacidad y calidad musical.

El director puede desarrollar su capacidad para cantar. Las lecciones de canto, cuando de alguna manera sean posibles, aumentarían su proyección y control vocales. Debe practicar para tener voz atractiva para el canto, la cual se puede desarrollar, y esforzarse por obtener una calidad de voz interesante y vivaz. También puede aprender a desarrollar un vibrato agradable, lo cual puede aumentar la sonoridad vocal. La capacidad para repentizar es otra habilidad valiosa que se puede aprender. El director debe poder repentizar una línea de melodía para dirigir la melodía de cantos nuevos con confianza y correctamente.

El director siempre debe llevar la melodía a menos que haya alguien más en el equipo que la lleve mientras él armoniza. Por lo general, la gente trata de seguir lo que canta el director. Si armoniza al micrófono, los visitantes que traten de aprender la tonada del canto se podrían sentir frustrados al querer decidir la nota que debieran cantar. Algunos directores parecen cantar solos, pues se desvían de la melodía correcta hacia sus propias armonías, y así la congregación no puede saber con exactitud cuáles notas debe cantar. Al cantar la melodía con precisión y de la manera debida, el director de adoración ayudará a que los recién llegados aprendan los cantos correctamente.

A veces se empieza un canto con la clave incorrecta. La congregación canta por debajo de su registro vocal, o se esfuerza por cantar muy alto. No hay necesidad de cantar todo el canto así, especialmente cuando todo el mundo sabe que está desentonado. Hay que parar, volverse al organista o pianista, y decir: "Creo que estamos en la clave incorrecta. ¿Puede darnos una clave mejor, por favor?" Y ¡adelante!

El director también puede mejorar su capacidad para dirigir. Los movimientos manuales definidos son una ayuda valiosa. Es muy difícil comunicar las intenciones rítmicas a alguien con los movimientos manuales. Por eso, deben tener un propósito, y mostrar con claridad el momento del compás acentuado con gracia natural, no con gestos peculiares ni afectación. Una manera de mejorar la calidad de los movimientos de mano es practicar ante un espejo. La relación franca y sincera entre el director y los músicos también ayuda. ¿Pueden leer los movimientos manuales? ¿Son éstos bastante claros para que los sigan? Si siguen las dificultades con la estabilidad rítmica de la música, hay que ensayar con los músicos hasta que puedan seguir la técnica de dirección. Es sorprendente la cantidad de dificultades musicales que se pueden resolver en los ensayos.

Hay que estar conscientes de la extensión de los movimientos manuales al dirigir. Si son muy grandes, el director llama mucho la atención a sí mismo; si son demasiado pequeños, no se comunicará debidamente con los músicos y la congregación. Hay tres factores que deciden el tamaño de los movimientos del brazo y la mano: el público, pues una congregación mayor requiere movimientos manuales mayores para que las personas de atrás puedan verlos; el ánimo del canto, porque si es callado y suave, los movimientos extensos no serían propios; y la clase de culto que se dirija; algunos cultos, por su carácter, por ejemplo un funeral, tal vez no requieran movimientos manuales, o sólo muy pequeños.

La estabilidad rítmica es esencial. Es sorprendente con cuánta rapidez un ritmo equivocado puede destruir la eficacia de un canto dado. Algunos cantos tienen vacíos largos entre versos. Existe la tentación de dirigir prematuramente al verso siguiente. Esto se podría llamar "anticiparse a la frase siguiente". Algunos directores de adoración acostumbran anticiparse a la frase siguiente, como si fuera necesario que ellos la cantaran momentos antes de la congregación, sólo para que la gente sepa quién está al frente. Ese estilo mantiene a las personas mirando al director en todo momento y, por eso, no tienen el gozo que viene cuando todas las cosas, incluso el director, se pasan por alto, y se pone toda la atención en el Señor. Al mantener la estabilidad rítmica, el director parece decirle a los hermanos: "Mantendré cada verso en su valor rítmico total. No me anticiparé a la frase siguiente. Por lo tanto, no tienen que preocuparse por seguir todos mis movimientos vocálicos. ¡Adoren a Dios!"

También es importante que el director aprenda a iniciar el ritmo correcto. Al comenzar un canto es preciso hacerlo con el compás correcto. Recuerdo cómo aprendí ese arte. En mi juventud, tocaba el piano en la iglesia y mi madre el órgano. Cuando se anunciaba un himno, yo tocaba una introducción con un compás que consideraba apropiado. Entonces cuando era el momento para que la congregación comenzara a cantar, mi madre hundía el pedal del órgano hasta el piso y empezaba con un compás y un ritmo completamente diferente, y ahogaba mi música con su nuevo compás. Como era natural, el director seguía el compás que marcaba mi madre. Al principio me ofendía un poco y me preguntaba por qué ella me hacía eso; pero entonces decidí analizar esas situaciones y aprender de ellas. ¿Por qué era inapropiado mi compás? ¿Qué tenía diferente el compás de mi madre? Ella es una música excelente, y su compás siempre era el mejor. Escuché y observé para aprender a tener sensibilidad al iniciar el compás y comenzar los cantos de la manera correcta.

Si el compás es lento, el público siente pesadez en el canto y falta de gusto. No se da cuenta de que el problema es musical: un compás demasiado lento. La congregación interpreta la pesadez como opresión espiritual en la reunión. El director corrige eso al acelerar el compás. Al contrario, si el compás es demasiado rápido, el público se siente como si estuviera en una locomotora que acelera al descender una colina. Las personas no pueden pronunciar las palabras bastante rápido, lo cual les hace sentir como si tuvieran una aspiradora en la boca. Cuando la congregación se tropieza en las palabras, el director debe disminuir el compás bastante para que se pueda cantar sin dificultad.

Se requiere práctica para acelerar o disminuir un compás una vez que se haya iniciado el compás incorrecto. Si hay un buen tambor, el cambio se puede hacer indicándole el nuevo compás para que lo marque en los tambores. Con movimientos de mano más pequeños y rápidos se indica la aceleración. Otra buena manera de aumentar la velocidad es palmear el compás más rápido. Esto no sólo da una indicación visual del nuevo compás, sino que también da una indicación auditiva del nuevo ritmo que se desea. Si se canta una alabanza rápida y se desea acelerar un poco el compás, ese es un momento ideal para palmear el nuevo compás. Si, por el contrario, se quiere disminuir la velocidad, se pueden hacer movimientos manuales más amplios y extensos.

Si ninguna de esas cosas da resultado, no hay nada malo en parar el canto y anunciar: "Comencemos de nuevo, y esta vez aceleremos un poco (o vamos más despacio)." Es indebido volverse al pianista y decir: "¿Qué pasa hoy? ¡Esto suena como un funeral!" No hay que culpar al pianista ni a nadie más por el compás equivocado. Lo único que el director de adoración necesita hacer es pedir un cambio de compás.

El cambio repentino de compás en la música se debe introducir con cuidado. A veces es propio cambiar de cantos lentos a rápidos, o viceversa, pero la transición se debe hacer con cuidado. Un cambio repentino de compás al momento equivocado puede ser contraproducente para el resto del culto de adoración. La mayoría de los cultos tiene sólo un cambio de compás que, por lo general, ocurre cuando se cambia de cantos rápidos a lentos.

Se debe conducir con las manos y la voz. Parece que a algunos directores de adoración les da miedo mover las manos al ritmo del canto. Quizás se sienten llamativos o cohibidos al hacerlo. Hay que dominar la inhibición. Se obtiene la mayor eficacia cuando hay libertad para proyectar la voz alta y mover los brazos al compás y sin desmaño

Recomendaría el primer movimiento de mano a la mayoría de los directores de adoración. En la mayoría de los cantos es posible, por lo general, dirigir un ritmo claro y comunicable con un movimiento sencillo de arriba hacia abajo. No hay que preocuparse de la propiedad teórica de la técnica en tanto que se obtengan buenos resultados en la comunicación de las intenciones del director a los músicos y la congregación.

He aquí los tres movimientos de mano más comunes usados por los directores de corales:

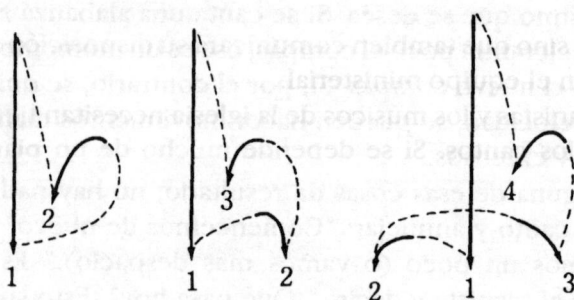

La preparación del director

La preparación de un director de adoración tiene objetivos a largo y a corto plazo. Hay elementos progresivos y otros que se realizan en cada culto. La preparación es algo más que hacer una lista de los cantos. En primer lugar, la preparación es espiritual. Comienza con la vida de oración regular en busca de la sensibilidad a la influencia del Espíritu Santo. En la oración se comunica a Dios el anhelo de ser más sensible a su Espíritu. Se puede orar en el Espíritu y por fe recibir mayor sensibilidad y unción en la vida y el ministerio, al pasar tiempo sirviendo a Dios en oración y adoración. El servicio a Dios debe venir antes que el servicio al hombre. Cuando se da prioridad al ministerio a Dios, se siente la urgencia de ministrar al hombre.

No sólo se debe mantener una relación íntima con el Señor durante la semana, sino que se necesita la certeza de la preparación espiritual al acercarse el culto de adoración. Hay que dedicar tiempo el sábado por la noche o temprano el domingo por la mañana a la alabanza y la adoración en privado. Al llegar al santuario, el director debe estar listo. Si espera lograr esa preparación espiritual en el culto de alabanza, no podrá dedicar toda la atención a la dirección del culto; parte de su energía se gastará en tratar de ponerse en armonía con Dios, lo cual no debiera preocuparlo durante el culto. Y no lo preocupará si tiene la preparación espiritual adecuada antes de llegar a la iglesia.

El director también debe consultar, por anticipado, con el pastor o la persona encargada del culto para conocer el tema del culto o el mensaje principal del sermón. Eso no sólo le ayudará, sino que también comunicará su disposición a trabajar junto con el equipo ministerial.

Los pianistas y los músicos de la iglesia necesitan tiempo para ensayar los cantos. Si se depende mucho de un pianista que necesita aviso previo, hay que ayudarle a satisfacer tal necesidad. Por fe se debe pedir a Dios los cantos con una o dos semanas de anticipación, pues Él ya los conoce y puede impartir tal información.

Como último punto en la preparación para el culto de adoración, el director debe evitar la prisa antes del culto. Si llega a la plataforma treinta segundos antes de comenzar, jadeante y resollando porque tuvo que entrar corriendo por la puerta de atrás, el culto ya tiene al director en su contra. Satanás trata de detenerlo o distraerlo con problemas impertinentes que le irritan las emociones; pero la mayoría de las cosas pueden esperar hasta más tarde. En este punto, es de extrema importancia estar calmado y en armonía con el Espíritu Santo. Es asombroso ver lo que puede ocurrir para retardar al director del culto, como llamadas telefónicas al último minuto o que uno de los niños se lastime un dedo en la puerta del automóvil. Aunque se llegue apenas a tiempo, el espíritu estará alterado y las emociones hirviendo. Sin embargo, si el director puede llegar bastante temprano para pasar tiempo en silencio delante del Señor, estará listo para moverse bajo el estímulo suave del Espíritu.

Normas generales

También es bueno que el director de adoración recuerde ciertas normas generales de comportamiento en la posición de liderazgo. Si mantiene presentes unas pocas cosas clave se beneficiará él y también su congregación.

La prontitud. Al llegar a tiempo y ser de confianza, el director prueba que es una ayuda valiosa para el pastor y los líderes de la iglesia. Como se ha dicho, no llega a tiempo si se presenta un minuto antes de que comience el culto. Cuando llega tarde o de prisa, comunica su nivel de consagración y el grado de seriedad con el cual considera su papel como director de adoración.

La naturalidad. El director debe mostrarse tal cual es, sin imitar a otros directores a quienes respeta ni copiar el estilo del pastor. Aunque puede observarlos y aprender de ellos, no tiene que ser como ellos. El director halla la mayor realización y eficacia cuando descubre quién es en Dios y se siente satisfecho de serlo delante de la congregación.

En el culto, hay que seguir con el mismo tema hasta el fin. Cuando se ve claro que el Señor le habla a la congregación sobre cierto aspecto como el arrepentimiento, la purificación, el gozo o cualquier otra cosa, el director no se debe apresurar a continuar con el resto del culto hasta que Dios haya completado la obra que quiere hacer. No hay nada en la agenda del culto que sea más importante que reunirse con Dios y oírlo. Si se quiere con seriedad oír lo que Dios dice, se debe estar dispuesto a apartar el tiempo necesario y dejar que Él decida lo que ha de ocurrir.

Hay que evitar la inundación de demasiados cantos. Así como una planta se puede dañar con demasiada agua, un culto de adoración puede tener consecuencias negativas con demasiados cantos. El director debe saber cuándo se ha cantado bastante. Tampoco se debe interrumpir la adoración de exaltación de Dios con otro canto. Cuando la congregación experimenta la exaltación en la adoración, está delante del trono de Dios y cumple con su llamamiento divino. No hay nada más elevado que se pueda lograr. Ese es de veras un momento sagrado y nada debe distraer ni interrumpir. Otros cantos, cuando se usan con sabiduría, pueden servir para estimular la exaltación, pero en el momento indebido pueden servir de interrupción y detrimento. Asimismo, no se debe pedir a la congregación que se siente en medio de la alabanza o adoración entusiastas. Hacer sentar a los hermanos en la exaltación de la adoración es como echarle agua al fuego. La posición de pie es una postura más natural y conducente para la adoración excelsa de Dios.

El director debe estar preparado en todo tiempo con un coro

o himno apropiado para cada situación. Siempre está de turno, y los pastores aprovechan ese privilegio en los momentos más inesperados. Según lo que ocurra, ya sea una invitación al altar o un tiempo de oración, el director debe tener un canto listo que se acomode a la situación presente. Uno de mis tíos, que es pastor, me ha dicho que lo que más aprecia en un director de adoración es la flexibilidad para tener un canto para la ocasión en un momento.

No se necesita mucho tiempo para aprender a escoger los cantos apropiados, si el director es sensible a dos cosas: el contenido o el tema de los cantos preparados, y el sentimiento que tales cantos despiertan. El tema se aprende al estudiar las palabras; el sentimiento se determina al considerar el compás del canto y su fuerza rítmica, ya sea suave y fluida, o de marcha e imponente. Con el análisis cuidadoso del tema y el sentimiento de cada canto, el director puede reunir los cantos en una sucesión suave.

Si hay personas en la congregación que se ve que no conocen el estilo de alabanza y adoración de la iglesia, el Espíritu puede dirigir a los líderes, en ocasiones poco frecuentes, para que den una explicación bíblica corta a los visitantes. Esto no debe ser necesario en la mayoría de los cultos y se debe hacer sólo por una urgencia especial del Espíritu. Con todo, hay que estar conscientes de que esa necesidad de explicar surge a veces. Algunas iglesias solucionan ese problema posible con la preparación de un panfleto corto para la presentación de la iglesia, el cual incluye la explicación sobre la forma de adoración. Una declaración escrita en el paquete informativo para las visitas es tal vez la manera más suave de resolver el problema.

En cuanto a las directoras de adoración, recomiendo que no se muestren demasiado fuertes ni dominantes, sino que mantengan su feminidad en todo tiempo. Si son suaves, gentiles, dulces y naturales, la congregación apreciará y honrará su liderazgo.

El director de adoración y músico

Muchos directores de adoración, puesto que también son músicos, tocan un instrumento mientras dirigen la adoración. Sus instrumentos más comunes son el piano y la guitarra. El desempeño como director y, a la vez, como pianista o guitarrista no es fácil, pero tiene ciertas ventajas.

El director no tiene que detenerse para anunciar el canto siguiente. Como se acompaña a sí mismo, puede cambiar de claves a voluntad o pasar a un canto diferente y así ser muy flexible al cambiar de dirección.

El director no tiene un espacio amplio entre él y el pianista o músico principal. Puede ser difícil que un director le comunique con claridad sus intenciones a un músico sentado a cierta distancia, el cual no puede adivinarle el pensamiento. La barrera desaparece cuando el director puede iniciar los cambios en su propio instrumento.

A veces es muy agradable tener un interludio musical en la adoración, cuando la congregación está callada y un músico toca una tonada para adorar al Señor. El director no puede producir esa expresión espontánea en un músico sólo con mandarle que toque algo profético; pero cuando él mismo es el instrumentista, puede iniciar esa expresión musical solo y sin depender de otros.

Por último, he descubierto que cuando dirijo desde el piano la gente no se distrae mirándome y puede enfocarse en el Señor con más facilidad. Alguien de pie detrás del púlpito puede distraer más a los adoradores, porque la mayoría de las congregaciones están acostumbradas a mirarlo. Desde el piano, puedo dirigir bien sin convertirme en un obstáculo visual.

Tocar y cantar simultáneamente es un arte difícil de dominar, y se convierte en una hazaña cuando se combina con la dirección de la congregación en la adoración. El que tal hace no sólo debe saber tocar y cantar al mismo tiempo sino estar en armonía con el Espíritu de Dios, para discernir su guía para el culto. Para el músico bueno y experimentado, el tocar las canciones de adoración se convierte en algo casi instintivo, y así puede aplicar la concentración mental a otros aspectos. Sin embargo, los directores de adoración y músicos deben tener paciencia mientras aprenden a dominar su técnica, pues deben saber que se necesita tiempo y práctica.

La dirección, no el control

El líder del culto de adoración no es el conductor ni controlador de la adoración. Cuando los directores de adoración manipulan a la gente para obtener cierta reacción o expresión, pasan al campo prohibido de la conducción o el control de la adoración. El director no debe obtener una reacción mediante la manipulación; la reacción se inspira por el ejemplo. Él dirige al estimular o inspirar a las personas a entrar a la alabanza, pero ellas tienen la prerrogativa de reaccionar u observar. No se debe obligar a la congregación, aunque el objetivo deseado sea bueno. Los buenos directores no aprenden a manipular, sino a exhortar. No tratan de controlar, sino que procuran inspirar.

Algunas iglesias aprenden a alabar en proporción directa al nivel de emoción lograda por el director de adoración. Si el director es moderado, así es la alabanza de la iglesia. Mientras más grite, dance y se agite el director, tanta mayor es la reacción de la congregación. Esto puede hacer que los directores crean que el éxito del culto de adoración depende de su desempeño o nivel de emoción. Eso no es cierto. El director no está allí para producir en profusión la adoración, sino más bien para que Dios lo emplee de modo positivo para inspirar a la iglesia a dejarse guiar del Espíritu y participar en la adoración.

Muchos directores de adoración mantienen un control tan fuerte del culto que la congregación debe permanecer muy alerta para marchar al paso del director. Todos los movimientos se dirigen desde el púlpito, y las personas reaccionan casi con reflejos. Ese director mantiene un despliegue personal muy elevado y, en realidad, se convierte en distracción que aparta la atención de la gente del Señor. ¿Quién necesita ver a Jesús cuando se tiene un espectáculo de una persona para divertir a la congregación un rato? Para ser eficaz, el director debe ser visible a toda la congregación, pero, al mismo tiempo, debe asumir un estilo que lo haga invisible, en cierto sentido, para que la atención de las personas pase del plano horizontal (los otros miembros de la congregación) al vertical (Dios).

Muchas de las responsabilidades del director de adoración son muy visibles en sí: da la dirección visual a la congregación al mover los brazos; envía señales e instrucciones visuales a los músicos y al equipo de adoración; anuncia los números y nombres de los cantos; da exhortaciones, lecturas bíblicas y profecías; demuestra la alabanza y la adoración levantando las manos, palmeando, danzando y cantando; y la lista sigue. Cuando se unen todas esas actividades, puede parecer divertido ver a una persona que las manejas todas a la vez. El culto todavía necesita dirección, y el director no debe aflojar su liderazgo, sino permanecer como líder pero mantener la mayor moderación posible.

La mejor manera en que el director puede ocultar su persona es tener un rostro que irradie gozo y adoración. Al levantar las manos y el rostro hacia el Señor con una expresión de feliz esperanza, el director cesa de ser la persona que alguien quiere mirar. En vez de mirarlo a él, la congregación contempla al Señor quien es el objeto de su atención.

El director debe evitar movimientos rápidos o grandes que llamen la atención a él. Al anunciar los cantos, dar señales al pianista, hacer bajar el tono de los tambores, acelerar el coro, dirigir la congregación con los brazos y cantar alto por el micrófono, la tendencia de todos es a mirarlo con mucha atención. No le resto importancia a ninguna de esas actividades, pues es inevitable que el director tenga que ver con señales, direcciones y micrófonos en cualquier momento, pero lo importante es la manera de manejar tales funciones. El objetivo es aprender a realizar todos los elementos necesarios de manera que el director llame la atención mínima a sí mismo. Sería valioso un conjunto de señales moderadas que reconozcan todos los del equipo de adoración.

El director también puede parecer menos visible si no habla más alto por el micrófono de lo necesario, y si no se propasa en los movimientos manuales al dirigir el canto. Si las personas cantan con bastante facilidad, el director puede apartarse del micrófono un poco para que su voz se combine con toda la congregación, y luego cantar fuerte por el micrófono al iniciar la estrofa siguiente o el coro. Asimismo, recomiendo que se usen los movimientos manuales con moderación. Hay que usarlos en el momento debido, para establecer y reforzar el ritmo de la orquesta y la congregación; pero una vez que el ritmo esté establecido y el canto fluya suavemente, se vuelve superfluo mantener los movimientos manuales. Sigo la norma de que con los movimientos le digo a los músicos: "Mírenme bien, porque tenemos que lograr el compás correcto." Al dejar de mover el brazo, es como si dijera: "Ya vamos bien, simplemente mantengan este ritmo constante." Si el pianista y el tambor comienzan a apartarse en el ritmo, una vez más comienzo a indicarlo con la mano.

Se ha hecho la pregunta de si los directores de adoración debieran mantener los ojos abiertos o cerrados. La combinación de ojos abiertos y cerrados es necesaria. He visto directores que mantenían los ojos cerrados durante todo el culto y, por consiguiente, no sabían lo que pasaba en la congregación. Parecía que no les importaba si la congregación participaba con ellos en la adoración, o no. Al contrario, algunos directores miran continuamente alrededor para ver cómo van las cosas. Los tales demuestran poco interés en el Señor o en la expresión de su corazón a Él. El director eficaz debe mirar a la congregación de vez en cuando para ver su reacción, pero también debe mostrar que él es, por encima de todo, adorador también. Por lo tanto, es muy apropiado que el director cierre los ojos a veces, especialmente cuando quiere obtener nueva dirección del Señor; eso le ayuda a enfocarse sólo en el Señor.

El deber principal del director de adoración

En resumen, el deber del director de adoración es *dar a la congregación la mejor oportunidad posible de adorar.* Si el director ha hecho su parte al dar una oportunidad excelente para que la congregación adore, entonces tiene la opción de aprovechar la oportunidad. No es su responsabilidad ni problema si los asistentes no quieren entrar en la adoración. El director debe tener una unción especial en su vida para crear el ambiente más conducente a la adoración, pero una vez que haya la oportunidad de adorar, el público tiene la prerrogativa de aprovecharla. El director podría pensar así: "Voy a adorar a Dios. Ustedes tienen la libertad de unirse a mí y al equipo de adoración mientras disfrutamos de la presencia de Dios, pero ya sea que ustedes decidan acompañarnos, o no, vamos a adorar a Dios." Algunos directores se aterran cuando los hermanos no participan. Pero no deben preocuparse por ello. Si los hermanos no quieren adorar, es asunto de ellos. El director debe unirse a los que participan de buena voluntad en la ofrenda de sacrificios espirituales al Señor.

Hay que aclarar algo. En última instancia, el director de adoración es el Espíritu Santo. El director humano es sólo el vehículo a través del cual funciona el Espíritu, quien es el único que puede inspirar la adoración en el corazón de la gente. Sólo Él puede dirigir de veras la adoración. Si el Espíritu no produce la adoración en el corazón, ¿cómo podría hacerlo el director? Hay que renunciar al control del culto y darle al Espíritu Santo el derecho a moverse o no en el culto, según su soberana voluntad.

La tendencia de los directores a controlar la adoración tiene sus raíces en un motivo muy bueno que es el deseo profundo de dirigir al pueblo de Dios a profundidades mayores de alabanza y adoración. La inclinación humana, sin embargo, es a ejecutar la visión dada por Dios con la energía humana. Con frecuencia, el director se impacienta con el progreso de los hermanos en sus expresiones de adoración, y quiere que ellos profundicen más en lo que Dios les tiene reservado, entonces deciden que Dios necesita un poco de ayuda. Como es obvio que Él no lo hace bastante rápido, el director trata de acelerar un poco el proceso y, al hacerlo, se vuelve culpable del esfuerzo carnal.

Todo director de adoración se encuentra sin duda lidiando con esa inclinación a luchar con la energía humana. Tiene el reto de las palabras del profeta: "No con ejército, ni con fuerza, sino con mi Espíritu, ha dicho Jehová de los ejércitos" (Zacarías 4:6), y puede desear sinceramente la guía en el poder del Espíritu, pero los humanos siempre parecen adelantarse un paso o dos a Dios. El director puede pensar: "Estoy advertido. No caeré en ese error." Sin embargo, sabrá que la única manera de dejar de esforzarse es primero sucumbir a la tentación, y luego recibir la iluminación del Espíritu al respecto y aprender el método de Dios para lograr la victoria.

Las Escrituras se refieren a la ayuda por medio de la oración (véase Romanos 15:30), y la oración es de veras un ejercicio que requiere trabajo; pero no debe haber esfuerzo en la adoración. Judson Cornwall ha indicado que los sacerdotes del tabernáculo levantado por Moisés llevaban túnicas de lino para evitar el sudor. A veces, después de dirigir los cultos de adoración, salgo con la camisa húmeda de sudor. Me esforzaba tanto en la dirección que dejaba la plataforma agotado en lo físico y lo emocional. De cierta manera, eso no es lo que Dios quiere para el director de adoración ni el culto.

Tal vez Dios le dé al director una visión para la adoración en su iglesia, pero entonces espera que el director colabore cuidadosamente con su Espíritu para la realización de tal visión. La adoración es en esencia muy sencilla y no necesita de la ayuda de la energía humana. El Espíritu Santo alimenta la adoración al moverse en el corazón. El director se vuelve mucho más eficaz si aprende a relajarse y descubrir lo fácil que es el yugo de Jesús en realidad. Cuando el director trata de arar con su propia fuerza, se cansa pronto; pero al aprender lo que significa moverse en el flujo del Espíritu Santo, el Espíritu ara y el director descansa. Al llegar a ese punto de reposo, el director deja que el Espíritu Santo se mueva libre según su infinita sabiduría y propósito.

A menudo, el director busca ampliar sus conceptos mediante seminarios de adoración. Son emocionantes y me encantan, pero existe el peligro de poner la atención en las expresiones externas de la adoración, y tratar de reproducirlas en el ambiente local. El apartar los ojos de Dios para ponerlos en un acto de Dios como la adoración es idolatría. El salir de una conferencia sobre la adoración con el deseo de poner en práctica ciertas formas de adoración puede ser pecaminoso. Ningún modo de expresión garantiza mayor libertad, ni un nivel más elevado, en la adoración. Las expresiones varias pueden ayudar, pero no hay nada mágico en su ejecución. Hay que quitar la mirada de las manifestaciones externas y poner el anhelo exclusivamente en Dios.

El objetivo del director de adoración no es la adoración. Si lo fuera, se fijaría la mirada en las manifestaciones externas y no en las reacciones del corazón. El único objetivo es Dios. Se ponen los ojos sólo en Jesucristo (véanse Hebreos 2:9; 3:1; 12:2). Si Él es el objetivo, con toda seguridad la congregación adorará. Existe el peligro de adorar la adoración, de esforzarse por obtener una manifestación externa que, en cierta manera, eclipsa toda experiencia anterior. La iglesia busca un encuentro con

Dios; las manifestaciones externas de la adoración son solamente un reflejo de tal encuentro.

La toma y la pérdida del control

Un buen director con una personalidad dinámica puede producir un nivel elemental de alabanza, pero la alabanza no ascenderá más mientras se funde en la personalidad humana. Hay que tener la influencia de la energía de la personalidad de Dios. Eso no significa que el director no deba hacer nada para provocar la alabanza en la iglesia. El método del director de adoración se puede resumir en esto: *Tomar el control para luego perderlo*.

Obsérvese que uso "control" con el sentido de dirección o de estar encargado, no de manipulación a la cual ya se hizo referencia. La diferencia es grande.

Es esencial que el director tome el control del culto desde el principio, para calmar a la congregación y hacerle saber que alguien está encargado y cómodo en la dirección. Si el director se levanta y dice: "Esta es la primera vez que dirijo la adoración, y estoy muy asustado. Oren por mí, y sé que Dios nos ayudará a salir de esto", entonces habrá perdido antes de comenzar. La congregación le tendrá pesar y lástima, pero no adorará y sólo lo mirarán para ver su desempeño. Si la iglesia ha de adorar, debe estar tranquila y saber que el culto tiene una dirección fuerte y confiada.

El director debe tomar el control para que el culto comience bien y con una dirección clara. Ha pasado tiempo en oración durante la preparación, y debe tener confianza en la manera como piensa que el culto debe comenzar. Si el culto no comienza con una dirección fuerte, tal vez vacile hasta el fin. La gente necesita ánimo y estímulo para alabar, lo cual se debe hacer con confianza y optimismo.

El Espíritu Santo da la comisión a los directores de adoración para que sean instrumentos que Él pueda usar para dirigir a la iglesia. Aunque Jesús es el único y verdadero Pastor de las ovejas, también ha dado la comisión a pastores y directores para que pastoreen las ovejas. Y aunque el Espíritu es el único y verdadero Director de Adoración, ha llamado a ciertas personas para que dirijan la adoración bajo su supervisión y dirección. Dios se propone emplear el liderazgo humano, de manera que no actúa independientemente de los directores humanos. Por eso, si se ha de dar liderazgo al culto de adoración, el director debe hacerlo. No es llamado a controlar, sino a dirigir. El director no debe vacilar, parecer confuso o incierto, ni sentirse intimidado por su papel de líder. Hay que dirigir, iniciar y guiar el culto con confianza y fortaleza. El director debe recordar que el Espíritu del Señor está sobre él y lo ha ungido (véase Isaías 61:1). La congregación anhela que alguien dirija porque quiere seguirlo.

Por lo tanto, aunque los párrafos siguientes se refieren a la pérdida del control, no es porque el director sea débil, vacilante y de carácter frágil. En realidad, el director es confiado y decide, a propósito, rescindir su capacidad para manipular el culto de adoración.

Con la experiencia, los directores novicios aprenden a tomar el control del culto, y la mayoría aprenden con el tiempo a tomar buen control del principio del culto; pero sólo unos pocos aprenden el secreto de perder el control después, lo cual es el secreto de la adoración verdadera.

Aun cuando un director entusiasta pueda estimular la alabanza, la adoración es la respuesta del espíritu humano al Espíritu de Dios. Ningún estímulo del director de adoración hará que los hermanos adoren si el corazón de ellos no está bien delante de Dios. El Espíritu de Dios se moverá en su corazón si el director está dispuesto a renunciar al control del culto y dárselo al Espíritu. Hay que rendir el control humano del culto para que el Espíritu se mueva con libertad.

Mientras se mantengan el liderazgo y el control humanos del culto de adoración, lo único que se tiene es un culto dirigido por el hombre. Cuando se rinde el control del culto al Señor, se tiene un culto con dirección divina. Obsérvese que no dije que se tendrá un culto controlado por el Espíritu. La Biblia no habla del control del Espíritu, sino del control de sí mismo. Dios llama a sus hijos para que sean guiados del Espíritu. Si tienen un control debido de sí mismos, entonces pueden proponerse a tener la guía del Espíritu. El Espíritu los capacita para mantener el "yo" bajo control en vez de permitirle que controle, y una de las características de una vida con dominio de sí es la capacidad para moverse con la sensibilidad a los impulsos suaves del Espíritu Santo.

No se da el culto al control del Espíritu. Él nunca trata de controlar a los creyentes. Si el Espíritu no quiere controlar la reacción de los santos, ¿cómo se atrevería el director de adoración a hacerlo? Los directores deben tomar el control del culto al principio, pero no el control de la congregación. Después que el culto esté en marcha, no obstante, el director debe renunciar al control humano del culto y someterlo a la dirección del Espíritu.

He aquí algunas maneras de perder el control:

1. *Apártese del micrófono.* Muchos directores mantienen el control del culto al tener todo el tiempo el micrófono a una pulgada de la boca. Al apartarse del micrófono y levantar las manos y el rostro hacia el Señor, el director dice de manera tácita: "No voy a manipular ni orquestar lo que pase en seguida. Quiero que el Espíritu Santo tome el culto ahora." Cuando la congregación interprete la posición del director, pondrá la atención en el Señor quien tomará la dirección de la adoración. Cuando Dios toma la dirección, pueden ocurrir muchas cosas. Puede haber profecía, un canto espontáneo, un tiempo de silencio, o lo que sea. Es emocionante ver lo que Dios hará cuando se le permite.

2. *No quiera cantar otra canción de selección humana.* Recuerdo una ocasión cuando me ocurrió eso en un instituto bíblico. Me senté en la banca del piano y dije: "Señor, no voy a comenzar otra canción más. No voy a dar profecía, exhortación ni nada. El culto es tuyo. No voy a hacer nada más hasta que perciba tu Espíritu en el culto." He olvidado lo que pasó con exactitud, pero Dios hizo algo. ¿No sería mejor renunciar a la solución humana y esperar la de Dios?

3. *Póngase de rodillas en oración o adoración.* Los directores de adoración pueden hacer más que estar en pie detrás del púlpito. Al ponerse de rodillas, el director le dice a la congregación que ya no dirige el culto según un plan preparado de cantos, sino que espera la dirección de Dios.

Morris Smith ha dicho bien que la verdadera adoración no se puede dirigir, pues es un acto de Dios. La tendencia a controlar la adoración está arraigada en el triste concepto erróneo de que el director sabe a dónde llevar a las personas. Si el director conoce el producto final, intentará controlar a la congregación hasta que se logre el fin. Con todo, si acepta el hecho de que no sabe todo lo que Dios quiere hacer en la adoración, entonces se apoya en el Espíritu Santo para lograr lo que sólo Él sabe y entiende. Como la adoración es un acto de Dios, tiene posibilidades tan ilimitadas como Dios mismo. ¿Quién conoce lo que la adoración reserva para los creyentes? Sólo Dios lo sabe. Hay que reconocer que Dios hace mucho más en el culto de adoración de lo que se puede saber por medios naturales. Se debe dejar que Dios se manifieste. Se le debe dar la libertad de obrar en la adoración "mucho más abundantemente de lo que pedimos o entendemos" (Efesios 3:20). Ese reconocimiento puede algún día llevar al director a decir algo así: "Tomemos un poco más de tiempo para disfrutar de la presencia de Dios. No sé lo que pasa, pero percibo que Dios está haciendo una variedad de cosas en la vida de muchas personas ahora mismo. Deleitémonos en su presencia un poco más, y permitámosle que complete esa obra en nuestro corazón." Tal actitud refleja la comprensión debida de la condición finita del director humano de la adoración.

El arte de la exhortación

No se debe suponer que sólo porque la gente está reunida en un lugar está lista para adorar. Parece que está lista, pero se le debe preparar para la adoración. Cuando los creyentes están cansados o desanimados y abrumados por el pecado y la condenación, pasará algún tiempo antes que abran el corazón para el Señor, y esta tardanza requiere la paciencia del director de adoración. La congregación no necesita que se le azote, pues el mundo la ha golpeado durante toda la semana. Más bien, mediante la comprensión amable y la unción profética, el director debe guiarla al rendimiento abierto al Espíritu Santo.

Cuando la congregación no responde bastante, el director aprende el valor del arte de la exhortación. Me refiero a ella como arte simplemente porque la exhortación, como la predicación o la enseñanza, es una capacidad aprendida. Algunos pueden creer que no es consecuente con su personalidad convertirse en exhortador, pero si Dios ha llamado al creyente a dirigir la adoración, también lo ha llamado a realizar todos los aspectos de ese papel que sean necesarios para dar la dirección debida al pueblo de Dios. Sin el uso de la exhortación, la eficacia del director se limita mucho. Hay ocasiones cuando la exhortación apropiada es la mejor manera de animar a las personas a tener cierta reacción.

La exhortación no es coerción ni manipulación; se halla en el campo de la persuasión. Pablo escribió: "Conociendo, pues, el temor del Señor, persuadimos a los hombres" (2 Corintios 5:11), y le ordenó a Timoteo: "Esto enseña y exhorta" (1 Timoteo 6:2).

Al dar una exhortación, hay que hacerlo con firmeza y confianza (véase 1 Pedro 4:11). Hay que hablar en voz alta para que todos oigan, sin murmurar al micrófono ni dar la impresión de que se acaba de llegar de una visita al dentista. Se debe hablar con resolución para que se oigan las palabras.

Existe la tentación, bajo el disfraz de exhortación, de desahogar las frustraciones personales con la congregación y azotarla verbalmente con "así dice el Señor". Sé que todo director de adoración llega a estar frustrado, enojado e impaciente con la congregación. Se irritará ante su falta de reacción, domingo tras domingo, y el aparente olvido de lo que les ha tratado de impartir durante muchos meses. Con todo, el director no debe mostrar tal frustración. Antes bien, debe irradiar calor humano, amor y paciencia en todo lo que dice y hace. Así la gente se ablandará. La dureza los pondrá más tensos. Si la exhortación es cáustica, la respuesta callada de la congregación será: "Usted tiene razón. No estoy listo hoy, pero veamos ahora si puede hacerme adorar." Si el director es compasivo y positivo en su método, estimulará la mente abierta y la reacción entre las personas.

Con frecuencia, hago planes para una exhortación al mismo tiempo que preparo los cantos. Si tengo una cita bíblica o una verdad preciosa en la mente, estarán a mi disposición durante el culto. Puedo usarlas en cualquier momento para formular una exhortación positiva. No uso la exhortación si la adoración va en aumento; pero si declina, le pregunto al Señor si es el momento para hacer la exhortación que he preparado. Soy más eficaz en el arte de la exhortación si he preparado algo, así como el predicador tiene mejores resultados después de una buena preparación. También mantengo una lista de versículos útiles para exhortar a la congregación a aumentar la alabanza o la adoración. Esa lista es un recurso valioso cuando necesito una base para la exhortación.

La exhortación debidamente expresada debe funcionar bajo la unción profética. Muchas veces una exhortación expresada sabiamente es ideal para corregir situaciones difíciles en la adoración o para dirigirla. El pueblo de Dios sí responde a la exhortación. A veces cuando la congregación no ejercita debidamente su voluntad de alabar, una exhortación positiva puede ayudarle a tomar consciencia de su pereza e inspirarla a lograr un entusiasmo renovado.

Hay que tener cuidado de que no se abuse del privilegio de exhortar a la congregación. Algunos directores de adoración quieren predicar tanto durante la adoración que sus pastores les prohíben hacer nada más que dirigir los cantos. La exhortación se debe mantener corta y precisa. No se debe repetir simplemente las palabras de la canción del momento, sino contribuir algo único que dé más valor a lo que dice la canción.

Los tiempos difíciles en la adoración

La mayoría de los directores de adoración pueden funcionar bien cuando todo va bien. Pero ¿cómo deben sentir y actuar cuando la adoración termina en lo que se considera fracaso? Esos tiempos nunca son fáciles, pero hay algunos principios que ayudarán a guiar al director a través de ellos, y pueden contribuir a su aprendizaje y desarrollo.

Los directores de adoración parecen estar continuamente frustrados con las personas que no responden bien en el culto de adoración. La gente se refrena de la adoración abierta con todo el corazón por una variedad de razones, pero una razón clave es la tendencia natural de las personas a sentirse inhibidas en reuniones públicas, a menos que el entusiasmo sea de aceptación social.

Los individuos pueden sentirse aun más inhibidos si no conocen a nadie en la iglesia. Como muchas personas tienen dificultad en ser abiertas y comunicativas con alguien tan íntimo como su cónyuge, se puede esperar que sean aun más introvertidas en un lugar público de adoración. Si los directores no entienden esas ramificaciones sociales en la adoración, se vuelven molestos y frustrados ante la falta de reacción de la congregación.

El reto a los líderes de adoración, mediante la unción profética del Espíritu Santo, es ayudar a que la congregación abra el corazón al amor de Dios. Cuando el director descubre que nada da resultado, su reacción inmediata y natural es: "¿Qué se supone que haga?" Ese es el tiempo cuando el director debe oír el mensaje de Dios para esa situación particular; no sólo debe discernir lo que estorba al pueblo de Dios, sino también debe saber cómo iniciar una solución. Una cosa es saber cuál es el problema; otra muy diferente tener la sabiduría piadosa para tratar ese problema. Da mucha seguridad saber que el director puede pedirle al Señor un "mensaje de conocimiento" que revele el problema y también un "mensaje de sabiduría" para saber lo que se debe hacer al respecto. La preparación de la lista de cantos no equipa al director para tratar eficazmente esos problemas. El tiempo pasado en oración, no obstante, cultiva la sensibilidad que se necesita para discernir la guía del Espíritu durante el culto de adoración.

El director debe percibir cuando la intensidad de la alabanza o la adoración comienza a descender. Si tal percepción de la declinación viene poco después de comenzar el culto, sería equivalente a parar y pasar la dirección del culto al pastor. Este es el tiempo para preguntarle al Señor cómo debe el director corregir y dar nueva vitalidad a la adoración. Es normal que muchos cultos pasen por tiempos difíciles. A veces, sin embargo, cuando el culto comienza a debilitarse, es una indicación de que se ha extendido demasiado el culto de adoración. La solución en ese caso es no prolongar más el culto, sino pedirles a los hermanos que se sienten y pasar calladamente a otra parte del culto.

Cuando el director mira a la congregación para ver su participación, le puede molestar el ver a varias personas que parece que no adoran. No debe dejar que la apariencia del público lo desconcierte. Recuerdo que formaba parte de un equipo de adoración en un culto en el cual cierto hombre nos miraba con el ceño fruncido durante el culto. Yo estaba convencido de que él apenas si toleraba el culto. Sin embargo, después nos expresó con cariño su aprecio sincero. Eso me enseñó la importante lección de que no siempre se puede leer la receptividad de alguien en la expresión de su rostro. Hay personas que pueden disfrutar de un culto de adoración aunque tengan un semblante triste. Si las expresiones del rostro de las personas desaniman al director, entonces debe dejar de mirarlas. El director debe poner su afecto en el Señor, irradiar su gozo, y dejar de preocuparse por la reacción de la gente, o la falta de ella.

Algunas iglesias se enfrentan al problema de que su estilo de adoración molesta a los visitantes. A algunas personas siempre les parece ofensa el movimiento genuino del Espíritu, y eso es semejante al tropiezo de la cruz al cual se refería Pablo en Gálatas 5:11. Si ese es el tropiezo que pone la adoración, hay que regocijarse pues Jesús dijo que así se compartía su reproche. Las formas verdaderas de la alabanza y la adoración no son repulsivas para los que tienen el corazón puro delante de Dios. Sin embargo, se puede alejar a otras personas al ser demasiado ruidosos e insensibles en cuanto a las formas de expresión que no tienen aceptación cultural.

Las rutinas en la adoración

Uno quisiera por supuesto que todos los cultos de adoración se realizaran sin dificultades ni tropiezos. Alguien ha dicho que "los cultos sin contratiempos son a menudo los de más profundidad espiritual". Con frecuencia eso es cierto, pero no siempre. Cuando el Espíritu Santo se mueve en la congregación de modo soberano y la alabanza y la adoración son vibrantes, tales cultos son suaves y fluidos porque los lubrica la guía divina del Espíritu. Sin embargo, no todos los cultos proceden con tanta suavidad y facilidad. A veces parece que el Espíritu se ha ido de vacaciones, y el director tiene que defenderse solo. ¿Qué se debe hacer entonces?

El manejo de tales situaciones mejorará si el director comprende que, a veces, Dios a propósito lo hace pasar por tiempos difíciles en los cultos de adoración. No lo hace para provocarlo ni para verlo pender de un hilo sin socorro, sino porque quiere llevarlo a dimensiones más nuevas y completas en Él. En ocasiones, Dios causa a propósito un culto de adoración terrible. Aunque el director ayune y ore toda la semana, pase horas en preparación, y tenga a todo el equipo de adoración en la iglesia para una hora de oración antes del culto, el plan de Dios para ese día puede ser que el culto de adoración sea aburrido. Lo hace para mantener al director dependiendo de Él. Es demasiado fácil que los directores de adoración confíen demasiado en su experiencia, y que la congregación se relaje y contente con su nivel actual en la relación con Dios en la adoración. A veces, Dios detiene al director para mostrarle que la adoración no ocurre mediante las capacidades ni costumbres de la iglesia, sino "con mi Espíritu" (Zacarías 4:6). Es fácil entrar en rutinas en la adoración, las cuales son muy suaves. Si un culto de adoración trasciende con suavidad, podría significar que el Espíritu Santo hace una obra profunda, pero también que se pasa por la vieja rutina una vez más. Si la congregación está dispuesta, Dios le ayuda a salir de esa rutina. Será una experiencia estremecedora, pero después vendrá el flujo fresco y la vitalidad en la adoración.

Las rutinas se dejan, por lo general, dando un salto largo en una nueva dirección. Hay que iniciar el salto con sobriedad y percepción cierta de la guía del Espíritu. Es probable que ponga a la congregación en un camino al cual no está acostumbrada, lo cual puede asustarla. Hay que prepararse para eventos extraños y guiar a la gente con amor en el camino de Dios. El director en la rutina sabe a dónde va; fuera de ella, parece decir: "No me sigan, estoy perdido." Al director no le gusta sentirse sin control. Con todo, allí es precisamente donde Dios lo quiere tener, para que en vez de depender de nociones preconcebidas, se apoye más en la guía del Espíritu Santo.

Ni al director de adoración ni a los miembros de la iglesia les gustan los sentimientos de incertidumbre en medio del culto, pero esos pueden ser los tiempos más fructíferos que tengan.

Los cultos de adoración difíciles se caracterizan por uno de dos problemas generales. Por un lado, tal vez el director no esté bastante preparado y, en consecuencia, se mueve incierto de la dirección que debe tomar. Es un problema muy real que puede ser desastroso para el resto del culto. Cuando los directores están indecisos debido a la falta de preparación, se abre la puerta a una multitud de problemas tales como profecías improvisadas, exhortaciones inoportunas y silencios incómodos. Ese tipo de dificultad no merece elogios. Por otro lado, hay una clase diferente de dificultad en la cual el director está bien preparado, pero llega al punto de no saber lo que Dios quiere que haga en seguida. Cuando eso ocurre, el consuelo está en el hecho de que Dios está muy cerca para caminar con el director a través de esos tiempos difíciles.

Puede ser que el director reconozca que el culto fluye con suavidad en la buena y vieja rutina de la iglesia. Sería más fácil quedarse en la rutina y cantar lo esperado que cubriría bien el problema, y la iglesia puede una vez más pasar suavemente sin enfrentarse a Dios; pero quizás Dios haya llevado al director al punto de sentirse cansado de encubrir el problema con otro corito, y tenga más bien el deseo de experimentar un movimiento real del Espíritu. En tal situación habrá un tiempo difícil de transición. Alguien sin duda querrá tomar el control en una de esas ocasiones, o dirigir un canto o una oración, pero se debe animar a los hermanos a esperar en silencio a que el Señor indique una dirección clara.

Tales tiempos de silencio asustan a la mayoría de las iglesias, pues implican que los directores no saben qué van a hacer. Y eso es cierto. El director podría escoger un canto y demostrar su capacidad para controlar el culto (y la mayoría lo hacen), pero cuando se decide esperar a Dios, hay que estar dispuesto a pasar por los tiempos difíciles para oír la voz del Espíritu. A veces, el director avanza tan bien en su canal de adoración que no se detiene a oír lo que "el Espíritu dice a la iglesia". Se requiere mucha sinceridad y humildad para admitir delante de la congregación que, aunque se tiene un culto de adoración suave, la iglesia no se mueve en el poder del Espíritu. La mayoría de los directores no están dispuestos a admitir que su rutina de adoración les ayuda a pasar de largo frente a Dios. Si se tiene bastante valor para detener la rutina y se es bastante sincero para invocar a Dios, Él se reunirá con la congregación de una manera nueva y divina. Tal vez el Espíritu dirija a un cambio de clima en el culto, quizás pidiendo a la congregación que ore de rodillas. Si no hace nada más, por lo menos despertará a la gente. El valor de una ocasión difícil como ésta es que hace que todos se den cuenta de la rutina y de su necesidad de Dios.

La mayoría de los directores de adoración parecen preocuparse más del sentimiento general de la congregación en cuanto al culto de adoración que de lo que Dios siente al respecto. Si la iglesia llega a cierto éxtasis espiritual o emocional y se va satisfecha, el director considera eso como éxito. ¿Es posible que el director pueda dominar el arte de poner a la congregación en estado de euforia espiritual, mientras evita un encuentro verdaderamente revolucionario con Dios? Hay que dejar a un lado la tentación de sentirse feliz cuando la congregación lo está. El director debe estar satisfecho sólo cuando Dios se complace en la adoración de la iglesia.

En ocasiones es apropiado hacer algo revolucionario en la adoración, pero también es conveniente evitar cambios radicales en el culto. Cuando el Espíritu Santo dirige la reunión, todo trasciende con suavidad. Tal vez haya tiempos ásperos al principio, pero una vez que el Espíritu está encargado, el culto de adoración avanzará suavemente en armonía y orden hermosos. En la Biblia, se compara al Espíritu con el viento, el agua y el óleo. Esas metáforas son apropiadas porque el Espíritu fluye con mucha suavidad. Los creyentes también pueden aprender a fluir suave y fácilmente con el Espíritu Santo.

¿Ha visto el lector alguna vez un águila o halcón que extiende las alas y asciende sin agitarlas? Lo hace al hallar una corriente ascendente de aire cálido que le permite remontarse. Muchos cultos de adoración parecen entrar en una corriente térmica espiritual que le permite a la congregación ascender en la adoración, al parecer sin esfuerzo. En otras ocasiones, parece que se gastan cantidades enormes de energía en el intento de entrar en la adoración. Sugiero que las razones de eso pueden ser más emocionales que espirituales. Dios no es variable; no está animado en un culto y desanimado en el siguiente; ni el Espíritu se entusiasma una semana y a la siguiente no quiere impartir energía la adoración. Dios no juega a las escondidas con la iglesia. Son los creyentes los variables, que se entusiasman un domingo y son indiferentes al siguiente. Ese es el problema de la fluctuación de las emociones.

Bien puede haber causas espirituales en algunos casos, y los directores de adoración deben ser guiados por el Espíritu para discernir si los obstáculos las tienen. Cuando las personas están decaídas emocionalmente, la solución es que necesitan e forzar la mente y la voluntad y resolverse a alabar al Señor. Dios premiará su obediencia y responderá con su gloria. Con todo, no es fácil que la iglesia lo haga. A veces, hay una profecía que anima a la congregación a responder, pero viene por dirección de Dios, y el director no la controla. ¿Hay algo que los directores puedan hacer para estimular a la iglesia?

La respuesta es doble: la enseñanza y la exhortación. Si se enseña a las personas su responsabilidad de adoradores, estarán mejor preparadas para responder. El director debe usar la imaginación para hallar maneras de educar a la congregación en su responsabilidad de motivarse a sí misma a la alabanza y la adoración. La exhortación bajo la unción del Espíritu también puede ser muy eficaz para sacar a la gente de su letargo.

Capítulo 9

El equipo de dirección de la adoración

Por tradición, en las iglesias pentecostales y carismáticas una persona dirige la adoración con cantos desde el púlpito o la plataforma. El coro y la orquesta la apoyan, pero la responsabilidad de la dirección de la adoración la ha tenido exclusivamente el director de adoración (o director del canto, como se le llama a menudo). En años recientes, sin embargo, ha aparecido un nuevo método, por el cual el director de adoración se une a un "equipo" para dirigir la adoración unidos. Esta no es otra clase de "pluralidad de dirección", donde todos los del equipo son iguales en cuanto a la responsabilidad y la actividad. Un individuo sigue funcionando como director, pero rodeado de un grupo que comparte una visión y propósitos comunes.

Los beneficios del ministerio en equipo

Hay dos maneras generales mediante las cuales un equipo aumenta la eficacia de un director.

Primera: Con un equipo hay seguridad y ayuda. Viajé con un equipo de adoración por unos pocos años, y en los cultos que tuvimos en muchas iglesias aprendí acerca de las bendiciones de tener un equipo de apoyo. Aunque parezca una confesión carnal, sé que no fluyo con la completa unción del Espíritu todo el tiempo. A veces parece que me muevo con mayor sensibilidad al Espíritu de Dios que en otras ocasiones, y es en mis momentos más débiles que necesito el apoyo y la fortaleza que otros pueden darme. En muchos cultos daba gracias a Dios de corazón por los otros de mi equipo de adoración, porque cuando yo estaba débil, ellos estaban fuertes.

Segunda: Con el equipo hay poder y unidad. Un director puede tener un buen ministerio en la adoración, pero su eficacia se multiplicará y mejorará mediante los esfuerzos de un equipo que funcione en unidad bajo su dirección. Se necesita algo más que individuos con una unción única en su vida; se necesita que esos directores tengan el apoyo de un equipo para que la eficacia de su ministerio aumente.

Ralph Mahoney, participante en un plan mundial de ayuda misionera, hizo observaciones valiosas sobre ese tema:

> Un hombre solo no realiza mucho en este mundo; pero el que puede organizar a otros para que laboren por una visión común, y organiza un equipo, puede hacer una obra significativa para el reino del Señor. La Biblia dice que uno puede hacer huir a mil, y dos a diez mil. Ese es un salto muy grande. ¿Qué podrían hacer tres o cuatro o cincuenta trabajando juntos en una visión común? Quizás podrían hacer huir a millones y ganar victorias grandiosas en el nombre del Señor. Una visión que se pueda comunicar con claridad es la cosa crítica en la reunión de hombres y recursos para lograr la obra que el Señor quiere que se haga. Cuando uno puede comunicar con claridad a dónde va, muchos estarán listos y dispuestos a ayudarle a llegar allá. Los recursos vendrán. El problema no es dinero, sino que uno no comunica la visión y los propósitos.

El equipo de dirección de la adoración comprende tres clasificaciones generales: el director de adoración, la orquesta (los músicos) y los cantores (que pueden incluir todo el coro o una parte de él). Algunas iglesias también pueden tener un grupo de danza como parte del equipo. El operador del sistema de sonido y el del proyector (suponiendo que hay un proyector de transparencias para los cantos) también se pueden considerar como parte del equipo.

Se seguirá el siguiente diagrama en el estudio del equipo de adoración:

```
                    ┌─────────────────┐
                    │     PASTOR      │
                    └────────┬────────┘
                             │
              ┌──────────────────────────────┐
              │   DIRECTOR DE ADORACIÓN       │
              │     MÚSICO PRINCIPAL          │
              └──────────────┬───────────────┘
         ┌───────────────────┼───────────────────┐
    ┌──────────┐      ┌──────────────┐      ┌──────────┐
    │ ORQUESTA │      │              │      │ CANTORES │
    └──────────┘      │ CONGREGACIÓN │      └──────────┘
                      └──────────────┘
```

El papel del pastor

Como el pastor es el más responsable ante Dios por los asuntos de la iglesia, el equipo de adoración queda bajo la supervisión pastoral. Él da al grupo la visión y la motivación. Debe saber la dirección general de cada culto de adoración, para estar seguro de que el equipo está en armonía con él. Debe compartir sus metas y filosofía de la adoración con el equipo y trabajar de cerca con ellos para asegurar que se cumplan esas metas.

Muchos pastores no participan de todas las funciones del equipo. Por ejemplo, no se espera que siempre estén presentes en los ensayos del equipo, pero sí suministran la fuerza guía para el ministerio de todo el equipo. El pastor puede contribuir mucho al equipo de adoración al enseñarles a orar. Los pastores se ven forzados a aprender a orar eficazmente, y los directores de adoración con frecuencia necesitan ayuda en ese campo.

El pastor es la clave del ministerio de adoración. Él tiene un papel principal en la adoración que sobrepasa a cualquier otro. Primero que todo, debe ser un ejemplo de adorador ante la congregación. El pastor que adora produce una iglesia que adora; lo contrario es cierto también, no importa cuán talentoso sea el director de adoración. El pastor guía mucho más por el ejemplo en este aspecto que por la predicación. Puede predicar sobre la adoración sin lograr nada, si no es un ejemplo vivo. Si es adorador, ni siquiera necesita predicar mucho sobre la adoración, pues los creyentes serán adoradores de todos modos. Cuando el pastor se da cuenta de la influencia que tiene en la congregación, la magnitud de su responsabilidad le parecerá muy grande. Supóngase que un predicador visitante viene a la iglesia y comienza a propagar opiniones discutibles. ¿Qué es lo primero que hacen los hermanos? Miran al pastor para ver lo que piensa. Al ver su expresión, la congregación puede determinar con exactitud su reacción a ese visitante. Algo semejante pasa en el culto de adoración. Cuando el culto está avanzando y el director de adoración inicia una nueva dirección, los hermanos con frecuencia miran al pastor para ver cómo reacciona al nuevo cambio. ¿Grita él después que el director de adoración ha exhortado a la congregación a "gritar a Dios con la voz de triunfo"? ¿Apoya el pastor al director siendo un ejemplo excelente de adorador? Con su respuesta al Señor en la adoración (o su falta de reacción), el pastor puede hacer más para influir en la participación de la congregación que la orquesta, el coro y el director de adoración juntos.

En muchas iglesias, se da al pastor un asiento muy visible en la plataforma, junto con otros dignatarios y huéspedes. Esa disposición de eminencia espiritual en la plataforma puede intimidar al más humilde de los santos. Es natural que las personas imiten la actitud de los que estén en la plataforma. Si el pastor está de pie, con los brazos cruzados y frunciendo el ceño, la congregación no va a responder. Esperan alguna señal que muestre la aprobación del pastor de la actividad presente.

No conozco la causa de la costumbre contemporánea de hacer sentar a los pastores y ministros invitados en la plataforma, y sin duda hay buenas razones para esa costumbre, pero permítame sugerir que hay que reconsiderar las normas al respecto. El hecho de que alguien sea pastor no significa que va a parecer agradable cuando adora. Algunas personas fruncen el entrecejo cuando adoran, aunque se sientan felices por dentro. Otros irradian gozo, no importa cómo se sientan. Si la congregación ve personas en el escenario que irradian gozo como ejemplos de adoración, se sentirá inspirada a abrir el corazón en la adoración.

El culto de adoración es un tiempo para adorar. Si el pastor se descuida, puede comunicar con los movimientos físicos que la adoración no es tan importante, y que si se tiene paciencia para esperar, terminará pronto. Al contrario, el pastor puede demostrar, con su actitud en la adoración, que no hay nada más importante en ese momento que el culto dado al Señor.

Algunos pastores dan la impresión de que son demasiado maduros para preocuparse mucho por la adoración. La adoración es necesaria para la congregación, pero el pastor da la impresión de que tiene mejores cosas que hacer durante el culto de adoración. Con todo, la Biblia aclara que uno nunca es demasiado espiritual para bendecir al Señor en la adoración. El Salmo 107:32 dice: "Exáltenlo en la congregación del pueblo, y en la reunión de ancianos lo alaben." A través del libro de Apocalipsis, los ancianos son los que dirigen a la multitud celestial en la adoración al caer postrados delante del Rey de reyes. El estar listo para responder en la adoración no denota inmadurez ni celo juvenil, sino que es una señal de madurez y espiritualidad.

El rey David es un buen modelo que los pastores deben imitar, porque fue en un sentido muy real el pastor de la nación de Israel. Se propuso ser un ejemplo de adorador ante toda la nación. Se puso un efod de lino y danzó delante del Señor con mucho entusiasmo mientras traían el arca a Sion. David era el rey, el líder, el pastor de los israelitas y todavía consideró que su propio lugar era manifestar una expresión exuberante en la alabanza y la adoración a Dios. Cuando Mical lo menospreció por su despliegue de adoración, la reprendió (véase 2 Samuel 6:21-22). Es la responsabilidad del pastor echar a un lado el orgullo y dirigir al pueblo de Dios en la alabanza y la adoración jubilosas.

Además de su influencia en la adoración, el pastor tiene la clave de un programa musical exitoso. El nivel del ministerio musical de una asamblea local nunca excederá a la visión del pastor. No sólo deberá estar disponible para suministrar visión y dirección al departamento de música, sino que debe también apoyarlo al dar aprobación y estímulo públicos a los que participan. Es muy importante que el pastor afirme a los que ministran en la música y la adoración dándoles muestras continuas de aprecio y comprensión.

Es inevitable que el pastor participe en el ministerio musical hasta cierto punto. Aunque tienda a rehuirlo, tendrá que dirigir la adoración de vez en cuando, y tomará muchas decisiones que afectan el clima musical de la iglesia. Entre el veinte y el cincuenta por ciento del tiempo en la mayoría de los cultos se dedica a la música, y el pastor desempeña un papel decisivo en la selección y forma de la participación musical.

El pastor debe poder relacionar la teología con los objetivos y usos de la música en la iglesia. ¿Por qué se pone tanto énfasis en la música y la adoración? ¿Cuál es el fin deseado de toda la música en la iglesia? El pastor debe poder responder estas preguntas y otras semejantes con respuestas bien consideradas y de buena teología.

La música eclesial debe tener un papel propio y definitivo. Para algunos, el culto de cantos se ha convertido en una rutina tradicional y necesaria. Otros llaman a esa parte del culto "lo preliminar", con la implicación de que todas esas actividades preparan a la congregación para lo que creen que es el único evento significativo del culto, es decir, el sermón. Algunos ponen énfasis en el lugar de la música en la iglesia como medio de crecimiento, sabiendo que la buena música atrae a las multitudes. A menudo se usa la música para llenar tiempo. Se usan cantos para que la gente descanse después de estar sentada o de pie por mucho tiempo, para que no se encalambren en la misma posición. Cuando se usan los cantos así, se les quita significado y se les asigna una connotación menospreciativa. Hay una historia antigua de cierto organista a quien el pastor le pidió que tocara algo para cubrir un momento de demora en el curso del culto. Se dice que murmuró: "¿Por qué usted no masculla algo?" Los pastores deben considerar con cuidado el papel de la música en la iglesia.

Lo triste es que relativamente pocos institutos o seminarios preparan a los pastores de modo adecuado para las responsabilidades musicales que han de encontrar en el pastorado. Aunque hay programas de música en la mayoría de los institutos bíblicos, no se consideran esenciales en la preparación de los estudiantes para el ministerio pastoral. Eso a pesar del hecho de que muchas iglesias, al evaluar a los candidatos pastorales, a menudo dan una consideración seria a la capacidad para dirigir la adoración. Con frecuencia se supone que si alguien no puede dirigir bien la adoración, entonces tal vez tampoco pueda hacer nada más. Sería importante que los institutos bíblicos incorporaran clases sobre la adoración y su dirección en los programas ministeriales, considerando tal entrenamiento esencial en la preparación de los pastores y, en realidad, de todos los obreros cristianos.

El papel del director de adoración

El director de adoración dirige a la congregación, los instrumentistas y los cantores. Su atención se divide en dos aspectos generales: los aspectos musicales del culto, que incluyen a los músicos y cantores, y los espirituales, que incluyen a la congregación.

El director escoge e inicia la mayoría de los cantos. En algunas iglesias se permite a alguien del coro o la congregación que inicie los cantos, mientras que en otras no se hace tal cosa y quieren que toda la dirección proceda del púlpito. Debe haber una persona responsable de la selección de los cantos.

En el capítulo precedente se presentó el papel del director de adoración en extensión, pero vale repetir que el director debe ser siempre un ejemplo de adorador. Como tiene la atención dividida en muchos aspectos, es fácil que se olvide de adorar. La congregación adora al seguir su ejemplo. Cuando todo lo demás falle, el director debe adorar.

Algo que necesita énfasis es la necesidad de preparar a nuevos directores de adoración. Se me ha preguntado: "¿Qué hace usted cuando quiere dar participación a otros en la dirección de la adoración, pero cuando se les da un culto, no se desempeñan bien?" La mejor manera de tener nuevos directores en una congregación es prepararlos, como discípulos, y reproducirse en ellos. A menudo, los directores tienen un método deficiente para levantar nuevos directores de adoración.

Una razón por la cual existe el equipo de adoración es para levantar directores. Ese es el contexto que se necesita para entrenar a posibles directores para el ministerio de la adoración. El primer paso en el entrenamiento es incorporar al candidato al equipo como cantor. La única responsabilidad de esa persona como cantor es aprender a inspirar a otros a la adoración con su ejemplo. Se pueden aumentar las responsabilidades lentamente hasta que se le dé un culto de adoración para dirigir. Con las debidas evaluaciones después del culto, el entrenado puede saber cuáles errores y debilidades necesitan atención. Así que el equipo de adoración puede ser como un vivero espiritual donde el director nuevo encuentra un medio saludable y seguro donde crecer y madurar.

En los ensayos el aspirante capta la visión del director, oye el latido de su corazón y recibe de su espíritu. La unción que se encuentra en la vida y el ministerio del director de adoración se puede impartir a cada persona del equipo. Cuando el aspirante a director recibe tal concesión fluye en unidad con el equipo. Entonces, cuando se le dé la oportunidad de dirigir un culto, el nuevo director manifiesta una calidad de ministerio que refleja la enseñanza e influencia del director de adoración.

Ningún director de adoración ni pastor debiera quedar satisfecho con nada menos que el discipulado de otros directores para la obra del ministerio. Se debe animar a los cantores y músicos del equipo a mejorar sus ministerios. Sugiero, sin embargo, que sólo unos pocos directores funcionen dentro de la congregación en cualquier momento dado. Algunas iglesias parecen funcionar bien con una gran cantidad de directores que ministran por rotación, pero creo que tendrían más éxito si usaran de uno a tres directores buenos en los cultos principales. Los que estén en entrenamiento deben dirigir en cultos con menos participantes. Es importante que la congregación se acostumbre al estilo de un director para que pueda aprender a marchar en armonía con él. Los adoradores pueden estar tranquilos cuando se familiarizan con el estilo de un director y saben qué esperar de él en el culto de adoración.

La relación entre el pastor y el director de adoración

Dios quiere que haya unidad de cooperación mutua entre el pastor y el director de adoración. Ellos no deben competir por la atención de la congregación. Demasiados directores de adoración quisieran ser los predicadores (y aun usan el tiempo de adoración para demostrar su elocuencia), mientras que demasiados predicadores creen que serían mejores en la dirección de la adoración. Dios bendice a cada uno con sus propias capacidades, y deben contentarse con sus dones. Si todos fueran predicadores, ¿quién escucharía? Si todos dirigieran el culto, ¿quién seguiría? Si un hombre hiciera todo, ¿dónde estaría el ministerio de la congregación? Así que el pastor y el director no están en competencia; cada uno puede contribuir en aspectos que hacen más eficaz el ministerio del otro.

El equipo del pastor y el director que estén unidos en espíritu es una combinación invencible. Dios ha dicho que con la combinación de la exaltación gloriosa y la espada del Espíritu (la Palabra de Dios), la Iglesia tomará su herencia en las naciones (véase el Salmo 149:6-9). La iglesia que alaba sin un ministerio fuerte de la Palabra revoloteará en círculos como ave herida, pero con una predicación fuerte prosperará. El pastor necesita un director de adoración ungido y capaz, y éste necesita un pastor que también tenga las mismas cualidades.

Hay tres ingredientes importantes para el mantenimiento de una relación sólida y saludable entre el pastor y el director de adoración: *respeto, consideración* y *comunicación*.

Lo ideal es que haya un vínculo espiritual, empatía mutua y *respeto* entre el pastor y el director. Si éste no le tiene suficiente respeto al pastor, se hallará en contradicción con los deseos del pastor y aun pondrá en duda sus decisiones y métodos. Es fácil para el director manifestar solapadamente la falta de respeto al pastor al dedicar más tiempo a la adoración que el asignado. Al contrario, si el pastor no respeta al director ni le tiene confianza en cuanto a su estatura espiritual, lo interrumpe, vetando o pasando por alto sus deseos y métodos. Mediante el respeto, se puede establecer un vínculo fuerte de mutua dependencia.

Si el pastor no respeta la espiritualidad y sensibilidad del director de adoración, no debe nombrarlo para tal posición. Es injusto asignar a alguien al ministerio de dirección de la adoración y luego, por falta de confianza, proceder a interrumpirlo o anular sus intenciones. Si se entiende que el director está en una fase de preparación, entonces se le debe dejar que cometa algunos errores y que, de esa manera, crezca y desarrolle su ministerio.

El pastor y el director deben ser *considerados* el uno con el otro. A veces el pastor pensará que debe ir en una dirección diferente de la preparada por el director. ¿Quién tiene la razón? ¿Quién tiene la mente del Señor? ¿el pastor o el director de adoración?

Quizás la respuesta se encuentre en los escritos de Amós: "Si el león ruge, ¿quién no temerá? Si habla Jehová el Señor, ¿quién no profetizará?" (Amós 3:8). Cuando el espíritu de profecía se posa en la congregación, parece que todos quieren profetizar. Asimismo, en el culto de adoración, cuando el Espíritu de Dios se mueve, es fácil que varias personas tengan ideas acerca de lo que creen que debiera ser la dirección del culto. En tales ocasiones, el pastor también siente que se le agita el corazón y, tal vez debido a su posición, se siente más inclinado que nadie más a quitarle el control del culto al director de adoración y seguir con sus propias ideas. No es que el director esté equivocado y el pastor tenga la razón, pues cualquier dirección probablemente saldría bien; es sólo que el pastor siente la libertad de iniciar lo que le parece mejor. El sobreseimiento de esa manera puede a menudo lastimar los sentimientos del director, ya sea que esté justificado en esa reacción o no. La acción del pastor parece decir: "Dios quería hacer algo, y no tuviste bastante sensibilidad para entenderlo, así que yo decidí iniciarlo"; o "El culto de adoración declinaba, y por eso intervine para salvarlo de tu incompetencia." Al fin y al cabo, el pastor no gana nada al hacer caso omiso del director. Si el problema es la falta de experiencia del director, el pastor debe pasar bastante tiempo instruyéndolo, no con críticas sino con actitud de guía amable.

Cuando el pastor anula la dirección del director al tomar el control del culto, el director no se debe sentir herido ni quejarse.

El objetivo del ministerio es bendecir al pueblo de Dios, no importa el canal que Dios emplee. El director debe estudiar con cuidado la nueva idea o método que el pastor introduzca al culto, para ver lo que hizo que no hacía el director, o de qué modo diferente el pastor estaba en armonía con el Espíritu. Muchas veces las diferencias de método o estilo entre el pastor y el director son sólo humanas y no espirituales. Puede ser que el método del pastor no fuera superior al del director (aunque a veces lo es), sino que era un asunto de preferencia; sólo quería que el culto tomara una dirección un poco diferente. El director puede dejar que eso sea un estímulo para crecer en sensibilidad y capacidad para dirigir, hasta llegar al punto que el pastor le deje encargarse de toda la dirección del culto.

Cuando el pastor y el director tengan ideas diferentes sobre la dirección que deba tomar el culto, cada uno debe tener consideración por el otro. El director debe respetar la pericia y experiencia del pastor, y éste debe ser considerado con el director, quedándose callado a veces aunque crea que tiene una contribución mejor. A menudo, aunque no siempre, el pastor podría dirigir mejor que el director, pero no está allí para hacer todo, sino para asegurar que otros reciban entrenamiento en la obra del ministerio (véase Efesios 4:11-12). Al no interferir con el director de adoración por consideración a él, el pastor puede contribuir a sus buenas relaciones.

La *comunicación* es también un elemento esencial de esta relación. "¿Andarán dos juntos, si no estuvieren de acuerdo?"(Amós 3:3). Nada hará que esa relación se desintegre más rápido que la falta de comunicación abierta. Si el pastor está preocupado por la aparente insensibilidad del director, esa molestia produce una separación irreparable entre los dos, a menos que se discuta y resuelva. Si el director se siente frustrado con las esperanzas del pastor, la única solución se halla en la comunicación amable y sincera.

Con facilidad se hacen suposiciones falsas o se evita un asunto por el temor a la confrontación. Los directores hacen suposiciones falsas porque se sienten intimidados por la posibilidad de hablarle al pastor de una frustración. Por la falta de comunicación, se forman barreras, según la perspectiva del director, no la del pastor. Si se siguen levantando las barreras, el director puede, por fin, dejar la iglesia, para consternación del pastor. El pastor puede suponer que cuando las cosas van bien todos los demás también están muy complacidos con la adoración. No se le ocurre que, aunque él disfrute de veras de los cultos, el director se esfuerza dominado por una carga. De modo que el pastor debe, en ocasiones, hacerle al director preguntas tales como: "¿Qué piensas de la adoración últimamente?" "¿Te gusta dirigir el culto de adoración?" "¿Cómo te parece que hemos trabajado juntos?" "¿Estás satisfecho de tu ministerio?"

Hay muchas maneras como el pastor y el director se pueden complementar. Cuando surja una dificultad o situación nueva, ambos pueden tener ideas únicas para la solución, o pueden aprender al ver el problema según la perspectiva del otro. El pastor necesita aprender a depender del director. En diferentes momentos del culto, por ejemplo, el pastor puede tomarse la libertad de pedirle al director un canto apropiado. Y el director necesita apoyarse en el pastor. Siempre puede confiar en la experiencia del pastor, pasándole la dirección del culto cuando se sienta frustrado o ya no sepa a dónde dirigir el culto. Si las líneas de comunicación están abiertas, una mirada rápida al pastor puede significar: "De veras no sé qué hacer en seguida . . . ¿Tienes alguna idea?" De modo semejante, en vez de quitarle el micrófono de la mano al director confuso, el pastor puede darle confianza y susurrar: "Aquí estoy para ayudarte si me necesitas."

Si a los directores sólo se les permite dirigir los cantos, de seguro se sienten frustrados. La dirección de la adoración es un papel pastoral; los directores deben tener corazón de pastor para llevar al rebaño del Señor a delicados pastos y aguas de reposo. Por la condición pastoral de la dirección de la adoración, si los directores no pueden hacer nada más que dirigir cantos, se sienten frustrados por no poder guiar a la congregación a donde necesita ir. Los cantos pueden llevar el culto de adoración hasta cierto punto. A veces, el culto necesita un tiempo de oración, arrepentimiento, invitación al altar o sanidad. Si el pastor permite a los directores de adoración que pasen a esos aspectos del ministerio, se sentirán mucho más estimulados y satisfechos.

El pastor sabio expresa su aprecio por el apoyo del director en quien tanto confía. No obstante, el director debe evitar que las actitudes negativas le entren al corazón y acaben con su eficacia en el ministerio, especialmente cuando el pastor no manifiesta su aprecio. El director piensa: "El pastor no entiende ni aprecia debidamente mi ministerio. Creo que me iré a otra parte donde sí me aprecien." Tal actitud de orgullo puede culminar con el abandono del ministerio. Si hay un abismo de separación entre el director y el pastor, de modo que el director cree que su ministerio no se recibe, y la comunicación no trae la reconciliación, el director puede hacer un inventario cuidadoso de sus motivos, y partir sólo después de recibir el consejo de hermanos respetables en Dios. Con todo, es mucho mejor cuando prevalecen la comunicación, con paciencia y comprensión.

El director debe aprender ciertas cosas del pastor. Debe ver y acoger la visión de su iglesia, saber expresar su ministerio con relación a la estructura de la iglesia, conocer su unción, y funcionar dentro de los parámetros permitidos.

El director no debe tener visiones de grandeza. Su posición es muy visible y debe tomar los elogios sin alterarse. Tampoco debe hacer eco del descontento de otras personas con el pastor, ni darse ínfulas por su título o posición. Antes bien, debe ser siervo, ministro y ayudador.

El músico principal

También hay que considerar el papel del músico principal en el equipo de adoración. Aunque a menudo el director y el músico principal son la misma persona, ese no tiene que ser el caso. Si son dos personas diferentes, hay que recordar ciertos puntos.

Primero que todo, al director se le escoge, por lo general, por su sensibilidad espiritual, y al músico principal por su experiencia musical. Hay músicos competentes que tienen una pericia técnica superior a la del director de adoración cuando se trata de la experiencia musical, pero eso no significa que tienen la sensibilidad espiritual necesaria para dirigir la adoración. Al contrario, a muchos directores les falta la capacidad de armonizar la música y por eso dependen mucho del músico principal. Los dos no tienen que estar en conflicto, sino que como miembros del mismo equipo deben esforzarse por complementar sus ministerios.

En segundo lugar, si hay un director de adoración y un músico principal, hay que recordar que las reuniones congregacionales requieren dirección, así que se debe afirmar un director. El director, entonces, tomará precedencia sobre el músico principal en la dirección del culto de adoración. El deber del músico principal es estar en armonía, en cuanto sea posible, con las intenciones y deseos del director. Éste puede transmitir lo que se propone hacer al músico principal quien, a su turno, dirige a los músicos y cantores.

La dirección de la adoración, a pesar de lo que se supone, no es en absoluto fácil. Tampoco lo es tocar un instrumento musical. Si el músico principal es pianista, debe pensar en la clave del canto, la melodía, la sucesión de los acordes, el compás (cuán rápido o lento debe ser), la relación de los otros instrumentos con el piano, si el director quiere cantar el mismo coro de nuevo o pasar a otro canto . . . y así sucesivamente. Son demasiadas cosas para que una sola persona las controle. Puede convertirse en una tarea pasmosa si el músico principal debe preocuparse también del canto siguiente y de lo que el Espíritu quiere decir en todo el culto. El músico principal debe ser excelente para tocar un instrumento, dirigir la orquesta, y también la adoración congregacional. Se necesita un buen músico para dirigir bien a un grupo de músicos y cantores, y mantener la sensibilidad a la guía del Espíritu Santo en la reunión. Esa es una buena razón para tener dos personas en los papeles de director de adoración y músico principal.

Ninguna posición es más importante ni necesaria que la otra. Sin la guía espiritual del director, el culto sería seco y rutinario. Sin la pericia musical del músico principal, el culto sería un desastre. Todas las iglesias necesitan mucho un músico principal. Hay pastores que me preguntan sobre lo que podrían hacer para mejorar sus cultos de adoración, porque no tienen quién toque el piano ni la guitarra. No pueden hacer mucho sin un músico principal. Es muy importante que busquen uno, y la mejor manera es preguntar a una iglesia grande si tiene buenos músicos que quieran encargarse del ministerio musical de otra iglesia. A veces, las iglesias grandes tienen muchos músicos frustrados porque quieren una expresión más significativa de sus capacidades, y no tienen en ellas la oportunidad.

Yo toleraría más bien una iglesia sin director de adoración que trabajar sin músicos capaces. Lo ideal es que una iglesia tenga ambos. El buen director depende mucho del músico principal, y cultiva con él una relación significativa. Como es obvio, la selección del músico principal se debe considerar con tanto cuidado como la del director de adoración.

Los músicos

Si los directores de adoración del pasado no tenían un equipo que los apoyara, entonces ¿cuáles eran los papeles que desempeñaban la orquesta y los coros? A los músicos se les llama, por lo general, acompañantes, lo cual da cierta connotación indeseable a su papel. Se podría pensar que un acompañante es alguien que toca mientras avanza el culto de adoración. La evaluación sincera del papel de los músicos en la adoración revela que ésta depende mucho de ellos.

David consideraba con mucha seriedad el ministerio musical en el tabernáculo (véanse 1 Crónicas 15:16; 1 Crónicas 16:42). El ministerio de alabanza y música se consideraba tan importante para las funciones del sacerdocio que se seleccionaban con cuidado los hombres para consagrarlos a ese ministerio. No se dedicaban sólo a unos pocos minutos de ensayo. Esos hermanos estaban asignados con dedicación exclusiva a realizar su ministerio de alabanza al Señor.

¿Se trata la música con la misma seriedad en la iglesia contemporánea? Con demasiada frecuencia, el único requisito para ser levita en la casa del Señor es ser un músico capaz. Hay que apreciar la importancia del ministerio musical, y se debe asignar personas a ese ministerio después de consideración, oración y consultas serias.

Los músicos desempeñan un papel de influencia en la vida de la iglesia. Se dedica una cantidad considerable de tiempo a la adoración en los cultos, y los músicos y directores de adoración tienen una posición estratégica en esa función, pues afectan directamente la vida espiritual de la congregación en un aspecto de importancia vital.

Dios levanta músicos hoy día que no sólo tocan para el culto de adoración, sino que adoran con sus instrumentos. Los músicos ya no serán sólo acompañantes, sino más bien iniciadores, es decir, adoradores con sus instrumentos quienes, de modo profético, dirigen e inspiran la adoración en la congregación. Durante mucho tiempo, los músicos han pensado que están exentos de adorar porque se distraen al ocuparse de tocar sus instrumentos. Dios no pide que pongan a un lado los instrumentos, sino que aprendan a adorar con ellos. El toque del instrumento debe ser en sí un acto de adoración al Señor, aunque no haya nadie presente para oír el instrumento que se toca.

Esto significa, por supuesto, que hay que establecer ciertas normas mínimas para los que forman parte de la orquesta de adoración. Por encima de todo, el músico debe ser adorador. El desempeño musical del que no es adorador sería insensible, egoísta y sin espíritu. Me han dicho que algunas iglesias, cuando preparan programas musicales y presentaciones de Navidad, emplean músicos inconversos para incrementar el sonido orquestal. Hay mucha diferencia entre una orquesta que toca y una que adora. La ejecución musical tiene su lugar, pero no en el culto de adoración. Se trata de músicos que inspiren de modo profético la adoración de parte de la congregación. Los músicos no se vinculan a una orquesta de adoración para aprender a adorar. Primero deben aprender a adorar en la congregación, y sólo después que hayan manifestado el corazón del adorador en la congregación se les debe considerar para la orquesta (con tal de que cumplan con los otros requisitos). El músico debe ser adorador antes de ingresar a la orquesta.

Además, el músico debe ser adorador con su instrumento. Una cosa es ser adorador, otra es tomar el instrumento y mantener todavía la adoración. A muchos instrumentistas se les asigna a las orquestas porque son buenos músicos. Muchas iglesias necesitan buenos músicos y, cuando alguno llega, no importa si es adorador o no para darle la bienvenida inmediata a la orquesta. Esto indica la necesidad de revisar las prioridades de la iglesia. Ya es hora de poner normas de acuerdo con la seriedad del ministerio levítico que desempeñan los músicos. Se ponen requisitos muy elevados al pastor debido al carácter levítico de su ministerio; entonces ¿por qué se descuidan los requisitos espirituales de los músicos que tienen la responsabilidad de dirigir al pueblo de Dios en la alabanza y la adoración?

El músico debe también tener mucho amor a Dios y demostrar una vida cristiana consecuente con su fe. Los músicos tienen un lugar prominente en las asambleas y los creyentes los consideran como ejemplos de espiritualidad. Si se sabe que un hermano o hermana tiene dificultades en cuanto a su consagración a Cristo y sus requisitos de discipulado, no se le debe dar un lugar en el ministerio público, como en la orquesta o el coro.

El instrumentista debe tener el deseo y el llamamiento divino para dirigir a otros en el culto de adoración. Algunos sólo tienen el deseo de servir sin el llamamiento. Sólo porque quieran tocar no significa que sean llamados de Dios, por lo menos al presente. La iglesia no necesita músicos en sus cultos de adoración a menos que sepan que sirven según el llamado y la voluntad de Dios.

Además, el liderazgo pastoral debe reconocer el llamamiento divino del músico, y el tiempo preciso para que funcione como tal. La asignación de músicos y cantores en el AT significaba que se les imponían exigencias para cumplir con su ministerio (véase 1 Crónicas 25). El hecho de que los apartaran para ese ministerio indica la seriedad de su consagración.

Se ha dicho que los músicos de la iglesia funcionan como levitas. Leví significa "unido" y los músicos deben unirse de corazón y espíritu a la iglesia local antes de tomar un ministerio público. La persona no debe participar en el ministerio musical sólo para sentir que forma parte de la iglesia. El ministerio musical no es el derecho de los que tienen talento para la música, sino más bien el privilegio que se extiende a los creyentes consagrados al Señor.

Como última consideración, los músicos deben pasar una prueba de destreza musical (véase 1 Crónicas 25:7). He puesto el requisito de destreza de último, pero muchas iglesias lo ponen de primero. Hay que renovar el interés en la espiritualidad de los que desempeñan el importante ministerio levítico. Una vez en su lugar la prioridad, se debe hacer el esfuerzo por alcanzar la idoneidad musical, hasta que se diga del departamento musical que los que lo componen tienen preparación y talento.

Algunos músicos de iglesia creen que pueden usar su talento para el Señor y también en el mundo para fines profanos. No juzgo a tales hermanos, pero creo que a Dios le agrada que los músicos usen sus dones exclusivamente para el ministerio. Veo el apoyo bíblico de esto en el modelo davídico: "Y los sacerdotes desempeñaban su ministerio; también los levitas, con los instrumentos de música de Jehová, los cuales había hecho el rey David para alabar a Jehová porque su misericordia es para siempre, cuando David alababa por medio de ellos" (2 Crónicas 7:6); "Así los hijos de Israel que estaban en Jerusalén celebraron la fiesta solemne de los panes sin levadura por siete días con grande gozo; y glorificaban a Jehová todos los días los levitas y los sacerdotes, cantando con instrumentos resonantes a Jehová" (2 Crónicas 30:21).

Los instrumentos usados en el tabernáculo de David pertenecían con exclusividad al Señor. No se usaban para fines seglares ni comunes, sino que se empleaban enteramente para dar gracias y alabanza al Señor en el tabernáculo.

Lo que se espera de los miembros del equipo

A los requisitos de los músicos debe seguir lo que se espera de ellos. En realidad, la mayoría de las condiciones se aplican a todos los que forman el equipo de adoración. Para comenzar, la asistencia a los ensayos es muy importante para todos. El ensayo es más que un evento musical. La razón principal del ensayo es apartar tiempo para que el equipo se reúna para desarrollar la unidad de corazón y espíritu. La práctica de la música es una función necesaria pero secundaria.

Un ensayo común tal vez incluya algunas de las actividades siguientes:

1. *La alabanza y la adoración.* Mucha parte del tiempo del ensayo se debe pasar en la adoración juntos, en particular cuando el equipo está recién formado y en busca de una visión común. Mientras el equipo pasa tiempo reunido en la presencia de Dios, ministrando unidos delante de Él, se desarrolla la unidad de corazón. Se debe desear esa unidad espiritual mucho más que el vínculo musical. Mediante ese tipo de unidad vienen el poder y el culto espiritual eficaz.

2. *La enseñanza y el estudio bíblico.* Al equipo se le deben enseñar conceptos bíblicos del ministerio musical.

3. *El intercambio de ideas.* Debe haber un intercambio abierto sobre la visión para la adoración, y una oportunidad para que los miembros del equipo presenten sus ideas. Los intercambios de esa naturaleza producen la conciencia de metas y conceptos comunes.

4. *La oración.* El grupo nunca pasará de ser mediocre, a menos que se convierta en un equipo de oración.

5. *El ensayo musical.* Aunque este elemento se pone de último su importancia no se debe disminuir. La historia de 2 Crónicas 5 revela con claridad que la gloria de Dios llenó el templo de Salomón cuando los cantores y músicos se unieron para exaltar las alabanzas de Dios; había ciento veinte trompetistas, sin contar a los otros músicos y el coro que anunciaba el evento (2 Crónicas 5:12-13).

La historia continúa y dice que "cuando sonaban, pues, las trompetas, y cantaban todos a una, para alabar y dar gracias a Jehová . . . entonces la casa se llenó de una nube, la casa de Jehová. Y no podían los sacerdotes estar allí para ministrar, por causa de la nube; porque la gloria de Jehová había llenado la casa de Dios" (2 Crónicas 5:13-14). Mientras los músicos y cantores estaban en unidad musical y espiritual, la gloria de Dios descendió sobre los sacerdotes. ¿Cómo llegaron a ese nivel de unidad musical y espiritual? ¿Por casualidad, por "la unción"? ¿O diciendo: "Ahora, los hombres de atrás canten bajo, y los de este lado canten tenor, y todas las damas que cantan soprano alcen la mano; veamos ahora, cuántos músicos tenemos . . ."? No, sino que se habían unificado mediante el ensayo, practicando mucho. Salomón quería que aquella ocasión augusta fuera acompañada de pompa, realeza, organización y precisión. Por eso los músicos ensayaron bien y con anticipación al evento. Cuando la gloria de Dios apareció, cosecharon el fruto de la consagración a los ensayos. Una cosa que esta historia demuestra es que Dios no se opone a la organización, la planeación y la precisión. Él es un Dios de orden, y responde a la adoración ordenada.

Los miembros del equipo también deben participar en la oración antes del culto. La duración de esas reuniones de oración puede variar de una iglesia a otra, pero es muy importante que los músicos y cantores se unan en espíritu antes de comenzar el culto. Eso también asegura que lleguen a la reunión a buen tiempo. La oración une al equipo en espíritu y propósito, y da la oportunidad para la intercesión unida a favor de la reunión.

Debe haber una consagración firme al ministerio del equipo. El grado de tal consagración tal vez no sea el mismo en cada iglesia, pero si se considera este ministerio de la perspectiva correcta, el compromiso de cada miembro se hará con seriedad y sinceridad.

Se requiere una actitud de entusiasmo y cooperación. Los miembros del equipo deben cooperar con entusiasmo con los líderes de la iglesia, si se ha de mantener el éxito. También deben estar dispuestos a recibir corrección e instrucción. El espíritu dócil es muy valioso.

Por último, el músico debe tener flexibilidad musical y buena disposición a cambiar estilos personales para adaptarse a todo el equipo. Es algo difícil porque al tratarse del estilo de ejecución del músico se pueden herir los sentimientos. Los músicos son muy sensibles en este aspecto, pues consideran que su estilo procede de su personalidad. La crítica a su estilo se interpreta como hecha a su personalidad. Por eso, se requiere que desde el principio haya un entendimiento fuerte de que todos deben estar dispuestos a ser flexibles en su estilo musical. Si se logra eso, será mucho más fácil tratar después los problemas de los estilos individuales. Todos deben estar dispuestos a renunciar a sus preferencias musicales en favor de la unidad dentro del grupo.

Los músicos comienzan a armonizar en unidad y sensibilidad después de recibir la instrucción debida sobre la manera de identificar los sonidos y mantener la armonía con los otros instrumentos. Es muy posible que cierta sección, como la de trompetas, toque unida de modo espontáneo y profético. El domingo por la mañana no es la ocasión para que los músicos demuestren su capacidad para improvisar. Su intención no debe ser tocar cada canto con la mayor cantidad de adornos que puedan poner. Al músico que adora no le preocupa su capacidad sino contribuir de modo significativo a la adoración. Los músicos deben tener la libertad de no tocar, en ocasiones, para ponerse en pie y adorar con las manos levantadas. Si los músicos tienen el deseo simplemente de tocar un instrumento, deben hacerlo el sábado, para que cuando vengan el domingo a dirigir en el equipo, puedan participar o abstenerse según los impulsos del Espíritu.

Los cantores

La función principal de los cantores en el equipo de adoración es estar de pie delante de la congregación como inspiración visual a la adoración. Su deber principal es irradiar el gozo y la paz de Cristo; la capacidad vocal es secundaria.

Se debe asignar cantores al equipo. Este es un ministerio muy visible y no debe estar abierto a los voluntarios. Con demasiada frecuencia se asignan cantores al equipo de adoración porque tienen una voz agradable, o pueden armonizar de modo hermoso. Es probable que sea más difícil trabajar con estas personas, porque tal vez piensen que le están haciendo un favor a la iglesia y a Dios al estar en el equipo. La primera consideración debe ser si son adoradores. La segunda si irradian el gozo de la adoración. Algunas personas son verdaderos adoradores, pero cuando adoran parece que estuvieran adoloridos. No presentan una imagen visual positiva, aunque estén de veras disfrutando de la presencia de Dios. Hay otros cuyo rostro brilla cuando adoran. Sonríen sin esfuerzo durante su adoración, y les resplandece el rostro. Se necesitan personas así en el equipo. Recomendaría cuatro cantores o más en el equipo, pero me contentaría con dos cuyo rostro brille de gozo al cantar.

Los cantores también deben sentirse libres en su alabanza y adoración para alzar las manos, arrodillarse o expresar otras formas de adoración. Son ejemplos de adoración que se deben seguir. Prefiero tener dos personas con libertad para alabar, y que irradien gozo al adorar, que diez con voces excelentes pero sin libertad espiritual.

Aunque la capacidad vocal es secundaria, es de consideración. Es muy eficaz tener cantores que puedan cantar armonías, como altos y tenores, en el culto de adoración, en particular si se amplían las armonías con el micrófono. Cuando se enseñan nuevos cantos a la congregación, a menudo los hermanos aprenden con entusiasmo el canto que se presenta en armonía tripartita, en oposición al unísono sencillo. La armonía añade otra dimensión al canto; cierto gusto que puede acostumbrar a la congregación a no contentarse con nada menos. Lo ideal es seleccionar cantores que puedan irradiar gozo y armonizar.

Varias veces se han mencionado los micrófonos. Hay razones para que los cantores usen el micrófono:

1. *Por seguridad.* La persona se siente más segura de pie detrás de un micrófono que al descubierto. Los cantores se calman con mayor facilidad con un micrófono delante de ellos.

2. *Para confirmación.* Cuando se da el micrófono a alguien, todos reconocen con facilidad que tal persona tiene una posición confirmada en el equipo de adoración. Con el micrófono viene la autoridad inmediata.

3. *Para cantos proféticos.* Si alguien del equipo canta un canto profético, se puede oír con más facilidad si se amplía la voz del cantor.

Los cantores no se deben oír demasiado alto por el sistema de sonido. Si el sistema se pone demasiado alto, es posible que los cantores ahoguen el sonido de la congregación, que no se ha de reemplazar con las voces ampliadas de unos pocos. Los cantores están sólo para apoyar y animar a la congregación e inspirarla a entregar el corazón y la voz al Señor. Las personas no querrán cantar con entusiasmo si creen que son los únicos en todo el lugar que están cantando. Al ampliar la voz de los cantores al nivel correcto, se da un ambiente con la sensación de que la iglesia está rodeada con los sonidos de alabanza. En esa atmósfera, los creyentes se liberan y la alabanza va en aumento.

Otros miembros del equipo

El grupo de danzas de la iglesia se debe considerar como parte del equipo de adoración. Deben participar en los ensayos y compartir la visión común del grupo. Lo que se aplica a los músicos y cantores con respecto a la vida espiritual, los motivos y la actitud se aplica también a los danzadores. Nunca se debe olvidar que en el culto de adoración la danza es un ministerio, no un arte espectacular.

Aunque parezca extraño, es cierto que el operador del sistema de sonido es un miembro importante del equipo de adoración. Aunque no tiene que estar en todos los ensayos, debe asistir a suficientes ensayos para establecer un entendimiento y relación de trabajo fuertes con todos los músicos y cantores.

Cuando el operador asiste a los ensayos, debe ajustar los controles como si estuviera en un culto en realidad. Muchos defectos del sistema de sonido se pueden resolver durante el ensayo y no en el culto del domingo por la mañana.

El operador debe estar seguro de que todos los micrófonos están bien instalados antes de cada culto, pues algunas iglesias los quitan después de cada culto para evitar que alguien se los robe. También es buena idea hacer la prueba de sonido antes de cada culto.

El operador debe estar alerta durante el culto. El pastor podría decidir, sin aviso previo, que quiere usar un micrófono que no está prendido. Un mensaje profético podría venir de una sección inesperada, y habría que conectar un micrófono diferente. Sólo se necesita cinco segundos del chirrido de un micrófono, en un momento culminante de la adoración, para apreciar la importancia del papel que desempeña el operador de sonido en el equipo.

Otro miembro importante del equipo es la persona que opera el proyector de transparencias (si la iglesia usa uno). La capacidad de esta persona es importante para reducir al mínimo las distracciones. El operador debe estar dispuesto a sacrificar tiempo extra para mantener los cantos organizados y al día. En muchas iglesias, la mayoría de las personas con orientación musical están en el coro o la orquesta, de modo que se pide a una persona que a menudo no sabe de música que maneje el proyector. Yo sé que tales personas, por lo general, se frustran, sencillamente porque la operación del proyector es una posición musical. El encargado del proyector debe poder cantar y conocer el repertorio de cantos de la iglesia para que los reconozca rápido. Tal vez no necesite asistir a los ensayos pero, como trabaja tan cerca del director de adoración, su posición se debe considerar como parte del equipo que dirige la adoración.

Una perspectiva sobre el ministerio de equipo

La adoración no es una ejecución artística, ni tiene éxito cuando sólo los de la plataforma experimentan la liberación en su adoración. Un culto de adoración no tiene éxito hasta que toda la congregación haya tenido esa liberación en la presencia de Dios. El equipo de dirección de la adoración debe mantener constantemente la perspectiva correcta de su papel en el culto, y darse cuenta de que están allí sólo para inspirar y dirigir a la congregación para exaltar a Dios; no están allí para monopolizar el culto de adoración.

El equipo debe cuidar de no adelantarse en la adoración. Aunque el equipo esté listo para adorar, la congregación tal vez no se haya preparado al mismo grado. El equipo debe comenzar donde esté la congregación y llevarla "al monte del Señor". El equipo se identifica con la congregación, y luego se extiende hacia el Señor, y por la gracia de Dios une a los dos.

Dios llama al equipo de adoración para que guíe a su pueblo por las "puertas [de] alabanza" (Isaías 60:18) y a su presencia. El equipo va adelante por el camino, y la gente lo sigue. "Subirá el que abre caminos delante de ellos; abrirán camino y pasarán la puerta [alabanza], y saldrán por ella; y su rey pasará delante de ellos, y a la cabeza de ellos Jehová" (Miqueas 2:13). Se puede decir que este versículo describe la función del equipo de adoración, pues "abre caminos" para que el pueblo siga, con Jehová "a la cabeza".

Esto no ocurre por casualidad. Hay que pensar y hacer

planes para cada culto de adoración para que sea un tiempo cuando la congregación entre, en realidad, a la presencia de Dios. Esta es la razón para tener un culto en primer lugar. La planeación de un culto de adoración es, por lo tanto, una actividad de suma importancia.

Capítulo 10

Los planes para el culto de adoración

El equipo de adoración tendrá éxito sólo si todos los participantes toman en serio el ministerio. Deben tener la misma seriedad y diligencia al hacer los planes para el culto de adoración. Sin una planeación cuidadosa, es probable que no se realicen las metas para la adoración congregacional.

La necesidad de los planes

La mayoría de los pastores pasan muchas horas en la preparación de sermones cada semana, pero le dedican relativamente poco tiempo a la preparación del culto de adoración. Las iglesias que siguen una liturgia suministrada por su denominación pueden ver que dedican muy poco tiempo a la planeación de la adoración, pues tienen el culto preparado con anticipación. Si la adoración de veras desempeña un papel altamente estratégico en los cultos, los encargados deben esforzarse en su planeación.

Existe cierta tensión entre los extremos de planear mucho o poco. Son extremos peligrosos que se deben evitar. Primero, entre los peligros de la demasiada planeación está la tendencia a estar demasiado ligado al programa preparado. Si algo inesperado introduce una complicación en la dirección del culto, los directores se ponen nerviosos porque no están preparados para cambiar de curso. Supóngase que haya una profecía sobre el regocijo cuando el director había planeado todos los cantos con el tema del arrepentimiento. O supóngase que el pastor le pide al director que comience el culto con un canto completamente diferente de los de la lista de cantos preparada. ¿Qué se debe hacer? Si uno se aferra a sus planes, esas situaciones pueden ser perturbadoras.

En una ocasión, llegué al culto de adoración después de pasar mucho tiempo en la preparación, sólo para saber que el pastor quería llevar el culto en una dirección muy diferente. Fue necesario ser flexible para poner a un lado mi preparación y adaptarme a los deseos del pastor.

Cuando se planea demasiado la adoración, cualquier cambio de dirección iniciado por el Espíritu Santo puede producir sobresalto. Es muy fácil poner tanta atención al programa que no se dé ninguna consideración a la posibilidad de que el Espíritu quiera introducir un curso diferente. La lista de cantos puede delinear la obra del Espíritu Santo: "Tienes la libertad de actuar con soberanía, Señor, según mi lista de cantos." El director dirigido por el Espíritu debe estar preparado mentalmente para descartar su lista de cantos y actuar de modo extemporáneo si el Espíritu se mueve en la congregación. Los cultos de invención humana se pueden volver estereotipados y rutinarios. Si son demasiado rutinarios, la adoración se puede volver mecánica y sin significado.

Además, si la adoración se planea demasiado, el director puede poner demasiada confianza en su preparación. Puede creer que si ha pasado bastante tiempo en la composición de la lista de cantos, la preparación es adecuada y completa; pero la preparación del director de adoración apenas comienza cuando está compilada la lista de cantos. El aspecto más importante de su preparación comprende la oración y el cultivo de la sensibilidad al Espíritu. Su prioridad más exigente es pasar tiempo en oración, alabanza y adoración.

Si el director no entiende bien su responsabilidad en la adoración, puede terminar haciendo demasiados planes. Asume toda la responsabilidad del tiempo de adoración, y olvida que la adoración depende completamente del Espíritu Santo. Se hacen demasiados planes para la adoración como si fuera necesario preparar un tiempo de expresar nuestro amor a Dios. El éxito del culto de adoración no depende tanto de los planes inteligentes como del movimiento del Espíritu Santo. Si de veras se entiende eso, se pasa menos tiempo en los planes de la adoración y más en la búsqueda de Dios.

Por otra parte, muchos directores de adoración son culpables de planear muy poco la adoración, excusando su pereza con trivialidades como: "Sólo queremos que el Señor haga su voluntad." Los peligros de planear poco son muy evidentes. Primero que todo, es probable que el culto no tenga objetivo, dirección ni propósito. Se introducen cantos al azar y con nerviosismo, en busca del canto que le dé vuelo al culto. La mayoría de los directores de adoración saben de memoria los cantos que, con más probabilidad, producen una reacción positiva cuando el culto comienza a declinar. Si tal canto no produce el efecto esperado, el director sabe que está en aprietos. Ese es el momento de pasarle al pastor la dirección del culto, con un susurro en petición de auxilio.

El segundo problema asociado con la falta de planes es la tendencia del culto a volverse desunido e improvisado. Mucha improvisación puede causar distracción y desorden, en contradicción con la exhortación bíblica de que todas las cosas en el culto deben hacerse "decentemente y con orden" (1 Corintios 14:40). Otro defecto de la poca planeación se ha convertido en un verdadero síndrome entre los directores de adoración, y es que sin una lista de cantos por escrito, el director se pone nervioso y se le olvida todo. ¡Qué cosa tan aterradora! Los cultos de adoración sin preparación se caracterizan, generalmente, por digresiones desunidas y sin unción, no por el seguimiento de la dirección del Espíritu.

En busca del equilibrio

Se necesita un equilibrio entre la preparación por un lado, y la sensibilidad continua a la dirección del Espíritu por el otro. Es común que los directores se sientan inciertos, con frecuencia, acerca de la dirección en que deban llevar a la gente durante un tiempo de adoración. Conocen la frustración de pasar horas en preparación con oración, sólo para descubrir que no pueden discernir la dirección de Dios en medio del culto. Los directores deben consolarse con saber que no están solos en tal incertidumbre, y que el problema no siempre está en ellos. No es porque no pasaran bastante tiempo en oración o preparación, sino porque Dios quiere que dependan enteramente de Él.

Si el director prefiere saber exactamente a dónde lo lleva Dios en cada etapa del camino, entonces debiera hallar una vocación diferente de la de director de adoración. Las iglesias ya están cargadas de bastantes directores de cantos que permanecen insensibles a la suave voz del Espíritu. Lo que se necesita ahora son directores de adoración que estén dispuestos a abandonar sus instituciones humanas de adoración para seguir al Espíritu de Dios.

El director debe llegar al culto preparado, pero entonces debe permanecer abierto a los cambios inspirados por el Espíritu Santo mientras el culto avanza. Los cambios que el Espíritu inicia, sin embargo, no siempre incluyen una alteración de los cantos. Los directores deben estar abiertos para más que sólo cantar algo diferente de lo preparado. También deben ser sensibles para discernir la voluntad de Dios en cuanto al ejercicio de los dones espirituales. ¿Quiere el Espíritu dar una profecía, o un mensaje de conocimiento, o una exhortación? ¿Es el momento de cambiar de dirección y pasar a una sesión de oración o contemplación en silencio? Estas actividades no siempre se pueden saber antes del culto y, con todo, son elementos importantes para el éxito del culto de adoración.

Es crucial que el director se prepare adecuadamente, y esto incluye la lista de cantos. Sin embargo, de mucha más importancia que la preparación musical es la espiritual, que viene al pasar tiempo de rodillas, en adoración y oración. La tendencia de algunos es pasar treinta minutos seleccionando los cantos y cinco pidiéndole a Dios que bendiga su selección. Tal vez se necesite ese tiempo o más para escoger los cantos, pero se debe pasar mucho más tiempo en la preparación espiritual. Ésta es mucho más que la noche del sábado o la madrugada del domingo. El director, como cualquier pastor, debe aprender a cultivar el hábito de la oración cotidiana. Los directores de adoración necesitan un nivel de sensibilidad espiritual que se obtiene sólo mediante una vida devocional diaria y disciplinada.

Dios usa directores humanos

La búsqueda y el mantenimiento del equilibrio no deben intimidar, pues están al alcance de todo director. El equilibrio es el designio de Dios, quien ha optado por actuar a través del liderazgo humano. Cuando Dios asigna a una persona a un ministerio, la reconoce al darle la guía divina. Si Dios ha llamado a un creyente al ministerio de la dirección de la adoración, éste debe esperar que Él lo guíe y le ayude.

A veces, el director se distrae con pensamientos como: "Tal vez esa fue una idea carnal y no la mente de Dios. ¿Soy guiado por el Espíritu, o sigo impulsos humanos?" No permito que esas ideas me perturben durante el culto de adoración. Cuando tengo un impulso de ir en cierta dirección, acepto por fe que es de Dios, y actúo con certeza. Si después me doy cuenta de que no era de Dios, me examino el corazón y los motivos. En el culto de adoración, actúo por fe con certeza, sabiendo que Dios reconoce a los líderes y les da su dirección divina.

Dios honra el liderazgo humano a tal grado que el director puede equivocarse y Dios todavía reconoce su esfuerzo. Dios no dará un mensaje a alguien de la congregación para decir que el director no sigue a Dios, y que hay que tomar una dirección diferente. Si alguien de la dirección necesita corrección, eso se debe hacer en privado, no en la congregación. Dios no avergüenza a sus líderes. Aunque alguien haya percibido que los líderes no seguían a Dios en el culto, Dios todavía espera que esa persona ame, apoye y se someta a los directores. Éstos pueden estar tranquilos porque Dios no los azota si pasan por alto su dirección. Al contrario, reconocerá a los líderes y les dará entendimiento para que aprendan de sus errores.

Los directores pueden tener la tendencia a acomodar ciertas cosas en la agenda del culto de adoración porque la congregación las espera o a ella le complacen. No es un error incluir tales elementos en un culto, pero pueden apartar el corazón de la adoración. Aun la oración y las peticiones de oración pueden acabar con la unción de un culto si se presentan superficialmente o por costumbre. Los testimonios también pueden interrumpir el flujo de la adoración si el director acomoda unos pocos sólo por hábito. La música especial puede dejar de ser adoración si se rebaja tal actividad al nivel de diversión, o se hace para usar el tiempo. En muchas iglesias, los anuncios y la ofrenda indican a los hermanos que ha terminado el culto de adoración y es el momento para un cambio de posición y ritmo. Si los anuncios suelen distraer de la adoración, quizás se pueden hacer al principio del culto. Puede ser que las cosas mencionadas en el boletín no haya que mencionarlas desde el púlpito. La gente se acostumbra a leer el boletín de la iglesia si sabe que los avisos que incluye no se repetirán desde el púlpito y que, si no lee el boletín, no se informará.

Otra faceta de equilibrio en la planeación es sopesar las actividades por su valor y contribución al culto de adoración. Se deben escudriñar de continuo todos los aspectos del culto de adoración para evaluar la viabilidad de mantener cada función. Hay que cuidar que las actividades del culto no sean interrupciones a la adoración sino que, si se incorporan, sean como una expresión más de adoración. Se emplean no por lo que son en sí, sino por lo que pueden añadir al objetivo primordial del culto, que es la adoración de Dios.

Un tema para el culto

Se ha dicho mucho acerca de la preparación, sensibilidad y equilibrio con respecto al culto de adoración. No hay ningún método que sea el preciso para cada culto, ni ninguna fórmula que se pueda emplear cada vez para producir lo que se quiere en el culto. La preparación puede ser buena y posible, pero los eventos pueden suceder de tal manera que la preparación no sea apta para el momento. Como ejemplo, supóngase que el pastor les pida a cinco directores de adoración excelentes y expertos que ayunen y oren todo el día antes del culto, y produzcan un formato de adoración bajo la inspiración del Espíritu. Me atrevo a adivinar que habría cinco agendas con cantos y temas diferentes. También creo que cualquiera de los cinco métodos se podría usar para el culto con buenos resultados. La razón es que a Dios no le interesa cuáles cantos se incluyen ni el orden en que se canten, sino la manera y el motivo al cantarlos, sin importar lo que sean ni cuántos se incluyan.

Al prepararse para el culto de adoración, quizás el director clame a Dios y diga: "Oh, Dios, ¿cuál es tu voluntad para el domingo por la mañana? Hazme el favor de revelarme tu plan para este culto." La respuesta de Dios a esa oración puede ser: "De veras no me importan los cantos que incluyas, pero cualesquiera que sean, que todos en la congregación me abran la puerta del corazón. Regocíjense delante de mí. ¡Disfrutemos de la comunión y el amor mutuo!"

A Dios no le interesa si se canta una canción o veinte. Lo que desea es que la iglesia entre en la comunión hermosa de la adoración, no importa cuál sea el canto. A veces se pasa por alto la voluntad de Dios al cantar un canto diferente. Dios sabe que en ciertas ocasiones los creyentes no se abren a Él a menos que salgan de su rutina de cantar una canción tras otra. Aun los coros de las Escrituras pueden impedir que se abran los creyentes para recibir la bendición de Dios, si se cantan sólo para mantener un culto de cantos. Algunos directores tienen la idea errónea de que la solución para cualquier problema en la adoración es el canto preciso. No tiene que ser así. A veces, lo último que se necesita es otro canto. Si se insiste en cantar otra canción, Dios lo permite, pero no habrá bendición y poder de Dios en ella.

El director de adoración debe preparar, con oración, una lista de cantos para el culto, pero también debe recordar que la lista no es sagrada ni su orden está grabado en el cielo. Si surge otra dirección, hay que seguirla. Sin embargo, el director por lo general sigue muy de cerca la lista de cantos que ha preparado. No es algo superespiritual que el director se desvíe de su lista cada semana. En efecto, tal tendencia no indicaría espiritualidad de su parte, sino más bien insensibilidad al Espíritu Santo durante la preparación. Si él ve que abandona la lista preparada de modo regular, o Dios es voluble, o el director necesita desarrollar su sensibilidad espiritual. Y, como el director depende de la lista, necesita pensar y orar mucho durante la preparación.

La preparación de la lista de cantos

Antes de preparar una lista de cantos posibles para cantar en el culto, recomiendo que el director complete primero que todo una lista maestra de todos los cantos que su iglesia sabe. Esa lista es una ayuda valiosa para la planeación de la adoración.

Después de hecha la lista maestra de cantos, el director debe hacer la lista de cantos para cada culto. En el método para hacer la lista que he usado con frecuencia y éxito, divido la lista de cantos posibles en tres categorías: himnos, cantos rápidos y cantos lentos. El orden de aparición en mi lista varía con cada culto.

Por lo general, comienzo la selección de cantos repasando la lista de himnos que sabemos en la iglesia. Anoto uno o dos himnos, y después paso a la lista maestra de cantos y escribo los títulos de los coritos (junto con su clave) que me llaman la atención, y los divido en cantos rápidos y lentos.

Si tengo ganas de cantar un canto en clave de fa, por ejemplo, repaso los coros en esa clave para otras posibilidades, escribiendo los escogidos debajo del primer canto seleccionado. Sigo ese procedimiento para cada uno de los cantos que me llamaron la atención primero, de modo que bajo cada clave escogida tengo varios cantos que puedo cantar sin tener que detenerme a anunciar un cambio de clave a los músicos. Aunque usualmente sigo este método, cada director debe desarrollar su propia manera de preparar la lista posible de cantos.

La mayoría de los directores comienzan el culto con un coro o himno rápido, aunque hay excepciones, por supuesto. Una cosa que se debe recordar es evitar el formato de orden de coro-himno-coro-himno, y preferir más bien el de coros-himnos, o himnos-coros, o a veces himno-coros-himno. El primer orden se convierte en un problema cuando la congregación usa el himnario y lo deja en la silla para volverlo a tomar después y entonces volverlo a dejar. Eso puede perturbar el flujo de la adoración. (Algunas iglesias evitan ese problema mostrando los himnos con un proyector de transparencias.)

Al hacer los planes para el culto de adoración, el director debe darles consideración cada vez a los nuevos cantos que se han de enseñar o a los cantos introducidos recientemente a la iglesia. Los nuevos cantos se aprenden por repetición, por eso es importante reforzar cada semana el canto aprendido en la anterior. La enseñanza de nuevos cantos se debe planear de modo estratégico, junto con el refuerzo de los que se acaban de enseñar.

Después de compilar la lista de cantos para el culto, se debe dar una copia a los que la necesitan, como los músicos y el operador del proyector.

¿Cuántos cantos se deben preparar? En la mayoría de los casos preparo más cantos de los que necesite en un culto. Eso me da la flexibilidad de tener varias opciones a mi disposición al avanzar el culto. Puedo quedarme en la clave presente y cantar una de varias canciones en la lista de esa clave y modo (rápido o lento), o puedo cambiar a otra clave y tener varios cantos a mi disposición en esa clave. Sin embargo, el cambio a otra clave puede ser un poco difícil, así que si el culto de adoración pasa por aguas agitadas, puede ser útil quedarse en una clave por mucho tiempo.

Al preparar más cantos de los necesarios, encuentro que es posible planear dos temas enteramente diferentes dentro de una lista de cantos. Por tanto, puedo decidir, poco antes de comenzar el culto, cuál de los temas debo usar, o tal vez aun cambie de tema después de comenzado el culto si percibo la necesidad de hacerlo.

El tema para el culto se establece a veces por anticipado; por ejemplo, en ocasiones especiales como la Navidad o la Pascua, el tema obvio se anticipa. En cambio, en otras ocasiones el director de adoración tal vez no tenga ninguna dirección del Espíritu en cuanto al tema o la idea básica con anterioridad al culto. En ese caso, el tema puede surgir en el culto al cantar juntos los cantos de enfoque semejante, o cuando un mensaje profético le da dirección clara al culto, o el Espíritu le susurra algo al corazón del director. Si un tema resuena a través de la adoración, el director y el pastor deben hacer el esfuerzo para confirmar lo que dice el Espíritu. A menudo es apropiado llamar la atención al mensaje del Espíritu y reiterarlo, y obtener la reacción de la congregación a ese mensaje.

Al preguntarle al pastor sobre el tema de su sermón, el director de adoración puede a veces tener la información para una dirección buena de la adoración. Por lo general, es difícil planear todo un tiempo de adoración sobre un tema de sermón, pero quizás el último canto de la adoración se podría usar como plataforma para el mensaje. Sin tener en cuenta el tema del sermón, se debe consultar al pastor para ver si tiene sugerencias o preferencias para el culto de adoración. Aunque el pastor tenga poco que contribuir, agradecerá la buena voluntad del director para consultarle y darle gusto en lo que desee.

Muchos cultos de adoración pasan sin que surja un tema como la idea básica. No es algo extraño, y eso no significa que la adoración fuera menos importante o ideal. Sólo significa que en vez de tener la mente en un tema o idea determinado, la iglesia se dedicó a amar al Señor y servirle. Hay directores que buscan el tema del culto tanto que pasan por alto la contemplación del Señor. El director no debe preocuparse por hallar un tema para la adoración si no tiene uno ya en el corazón. Debe absorberse en la grandeza de Dios, y si Él quiere hablarle, ese tema aparecerá de todos modos. Está bien que los cantos puedan reforzar el mensaje del pastor, pero es más importante que contribuyan a estimular la adoración en el pueblo de Dios.

La variedad en el culto

Es muy importante ser creativo al proporcionar variedad en la adoración. Si el director de adoración tiene un estilo muy rutinario, la congregación supone que sabe lo que viene en seguida, pierde la atención, participa a medias y, como resultado, aprovecha poco o nada del culto.

Hay casi tantas formas diferentes de adoración en el Cuerpo de Cristo como hay iglesias. Sin tener en cuenta la forma que la iglesia adopte, todas tienen que luchar con la tendencia a convertir esa forma en rutina. Los de las iglesias libres acusan a las litúrgicas de que no sólo están en una rutina de adoración sino que aun la aprueban. Los hermanos litúrgicos responden que la mayoría de las iglesias libres tienen su propia liturgia, sólo que no la escriben para cada culto. Ya sea que se favorezca un culto de adoración litúrgico o no, todos tienen que afrontar el problema de las rutinas en la adoración.

Las rutinas hacen que la congregación pase sin esfuerzo a través del culto de adoración, y no le exigen que permanezca alerta y contribuya al culto. He aquí diez preguntas para detectar las rutinas. Son puntos de control útiles para diagnosticar un problema persistente de rutina:

1. Durante los tiempos de adoración, ¿he puesto mucha atención a lo que me rodea? El director no puede ni debe aislarse de lo que pasa a su derredor. Con todo, es posible absorberse tanto en la congregación que se distrae del verdadero objetivo de la adoración que es el Señor. El foco primordial de la adoración siempre debe ser Dios.

2. ¿Rara vez me toma Dios por sorpresa mientras adoro? Dios tiene muchas sorpresas, pero las rutinas son cómodamente fáciles de predecir. Nada inesperado ocurre en una rutina.

3. ¿Puedo cantar los cantos sin pensar? Si es así, se han usado tales cantos excesivamente. Tal vez haya que arrinconarlos por algún tiempo. Entonces cuando se saquen de nuevo, se pondrá nuevo énfasis en sus mensajes.

4. ¿Divago más de lo debido? Las rutinas no exigen mucha concentración mental. El problema principal en mucha parte de la adoración es la falta de aplicación mental. Jesús enseñó a adorar en verdad, lo cual requiere el ejercicio de la mente. Mientras más activa esté la mente en la adoración, tanto más significativa será ésta.

5. ¿Me aburro en la adoración en la iglesia? Al mirar a la congregación, ¿veo a otros que no participan o se aburren en el tiempo de adoración? Si la adoración en la iglesia ya no es causa de entusiasmo, quizás se necesita ayuda para salir de la rutina.

6. ¿Me jacto de mi capacidad para predecir con precisión lo que pasará enseguida en el culto de adoración? Cuando la adoración se vuelve fácil de predecir, no es porque uno haya aprendido a "fluir en el Espíritu", sino porque uno se halla fuera del verdadero flujo en el Espíritu.

7. ¿Son muy suaves los cultos? Las rutinas son suaves. Alguien ha dicho que los cultos suaves son por lo general los de más profundidad espiritual; pero ¿qué si están en rutina? A muchos directores de adoración y a los pastores les asusta cualquier cosa que no sea el culto suave, pero muchas iglesias navegan suavemente ¡y pasan de largo frente al Espíritu Santo! Algo impresio-

nante y estridente debe tener lugar para que la congregación despierte a las realidades de la rutina. Y ¿a quién le gusta que lo despierten con ruidos estridentes el domingo por la mañana?

8. ¿Me incomodan los nuevos métodos en la adoración? Si el cambio de estilo en la adoración parece asustar a los creyentes, puede ser que se aferren a patrones conocidos; permanecen en una rutina pero necesitan salir de ella.

9. ¿Se acorta cada vez más el tiempo dedicado a la adoración? Este es un síndrome mortal: cada vez menos tiempo dirigido por Dios para permitir cada vez más tiempo dirigido por el hombre, hasta que al fin se saca a Dios de los cultos dirigidos en su nombre. Se podría justificar ese síndrome sosteniendo que se ejerce una mayordomía mejor en el uso del tiempo del culto, cuando en realidad se trata de reducir al mínimo la cantidad de tiempo desperdiciado en lo que se ha vuelto una actividad sin sentido. Si se está en una rutina, a nadie parece importarle que se acorte la adoración.

10. ¿Tienen dificultad los visitantes en aceptar la manera como adora la iglesia? Las rutinas tienden a volverse individualistas e internas, "la manera que nosotros hacemos las cosas" y, por tanto, de poco interés para los de afuera. Es imperativo que los patrones de adoración les interesen a las visitas para permanecer como comunidad evangelística.

Con planeación creativa, se puede dar variedad a los cultos para mantener a la congregación alerta y su adoración fresca. He aquí algunas ideas que se pueden usar como palancas para las innovaciones individuales:

1. Piense en una apertura única para el culto de adoración. Pida que todos se pongan en pie y se den la mano. Haga una lectura bíblica. Comience con oración. No comience con oración. Sugiera un tema para la adoración. La apertura del culto es crucial para que haya éxito o no. ¿Ha estado usted en un culto de adoración que tuvo un mal principio, y usted supo que iba a ser un culto largo? Es importante que se piense con cuidado y oración en la apertura. Como director de adoración, evito ser fácil de predecir. Trato de tener un método un poco diferente cada vez para que los hermanos estén atentos y me sigan.

2. En ocasiones, haga que la congregación cante sin acompañamiento musical.

3. Con una señal preestablecida, pida que los músicos eleven la clave medio intervalo o un intervalo para cierta estrofa o coro. El tono más alto facilita cantar con más volumen, lo cual produce el efecto de mayor entusiasmo y energía.

4. Que la mitad de la congregación le cante a la otra mitad.

5. Pida a la congregación que tararee la tonada mientras los músicos tocan con suavidad la canción.

6. Dé posiciones variadas como de pie, de rodillas, tomados de la mano, etcétera.

7. Varíe o invierta el orden del culto. Un domingo, comience con el sermón y termine con la adoración. De esa manera, se puede responder en adoración al mensaje con el cual Dios ha estimulado a la congregación con su Palabra.

8. Dirija la adoración desde un lugar diferente. Si se tiene la costumbre de dirigir desde detrás del púlpito, considere un cambio por algún tiempo. Quizás el director quiera estar junto al pianista y dirigir la adoración desde allá. Una vez visité una iglesia en la ciudad de Nueva York, en la cual no se veía a nadie en la plataforma al principio del culto, excepto el pianista y el organista. De repente, sin saberse de dónde, vino la voz del pastor cantando: "Él es todo para mí". Su voz se oía bien por el sistema de sonido, y la congregación la seguía con facilidad. Pasé la vista por el edificio, donde mil setecientas personas se habían reunido para el culto de adoración de entre semana, y al fin hallé al pastor de pie, en la hilera del frente, ante la plataforma y dirigiendo la adoración con el micrófono en la mano. Sabía que nadie lo miraba ni le ponía atención, porque los hermanos tenían las manos y el rostro levantados y su corazón centrado del todo en el Señor. Sin estar delante de la congregación, ni en la plataforma, el pastor pudo dirigir bien la adoración de una manera que daba gloria a Dios.

9. Haga planes para un culto de adoración sin cantos. El director podría estimular los cantos espontáneos de alabanza libre, tiempos de adoración y meditación en silencio, y oración. ¿Quién dice que hay que cantar para adorar?

10. Use cantos con variedad de estilos, ritmos y modos. En ocasiones, añada un canto con tono menor. Salomón escribió: "¿Hallaste miel? Come lo que te basta, no sea que hastiado de ella la vomites" (Proverbios 25:16). ¿Ha oído usted a alguien que describe la adoración de una iglesia como "dulce"? La adoración dulce es muy bonita, pero es posible tomar demasiado de algo dulce. Hay lugar para mucha diversidad en la adoración; desde la lucha espiritual a la espera, de los gritos al silencio y del júbilo a la exaltación.

La Cena del Señor es parte esencial de la adoración congregacional, y los directores no deben pasar por alto las muchas maneras de administrarla. Los participantes pueden pasar adelante y recibir el cuerpo y la sangre del Señor uno por uno; se les puede servir en sus puestos; pueden servirse unos a otros, y tiempos especiales de ministerio congregacional se pueden planear con relación a la Eucaristía. Los temas que rodean el partimiento del pan son infinitos. La Cena del Señor se puede usar para embellecer y reforzar casi todos los temas cristianos con cierta aplicación creativa.

Se puede aumentar la importancia del partimiento del pan al acomodarlo debidamente en el culto. Se puede planear un culto de adoración completo alrededor de la mesa del Señor con la Santa Cena como el enfoque central de la adoración. En ocasiones, el pastor y el director de adoración trabajan en equipo; el pastor supervisa la distribución de los elementos y el director guía el canto. A veces, el tiempo de distribución de la Cena del Señor puede estar a cargo del director quien lo puede incorporar en el culto cuando sea conveniente.

Otro aspecto en el que se puede innovar es en los cantos espirituales (véanse Efesios 5:19; Colosenses 3:16). Los cantos espirituales son las expresiones espontáneas del espíritu que se improvisan, es decir, se cantan sin ensayo ni meditación previos; pueden ser en lenguas conocidas o desconocidas. Aunque la mayoría de las iglesias tienen salmos e himnos, muchas son renuentes en cuanto a los cantos espirituales. Sin embargo, esta puede ser la más emocionante de las tres categorías, y se puede explorar casi sin fin, si uno se atreve a ser creativo.

Se pueden incorporar los cánticos espirituales durante la alabanza libre (en el estilo típico entre los carismáticos, se cantan con un acorde constante). Se puede dirigir a los asistentes a que canten una expresión corriente de su alabanza a Dios, esto es, en vez de sólo cantar frases trilladas como "aleluya" o "gloria a Dios", se podría alabar a Dios por lo que ha hecho por el creyente en la semana pasada, o adorarlo por el aspecto de su carácter que tiene significado especial para la congregación en el día presente. La alabanza sería así: "Señor, te agradezco por mantenerme con buena salud, aunque otros en el trabajo estuvieron enfermos", o "Padre, tu fidelidad me infunde temor reverente, al darme cuenta de que tu mano guiadora estaba sobre mí ayer . . ."

Como algunas personas tienen dificultad en ser creativas en la adoración o en pensar en nuevas cosas para decirle al Señor, se les puede ayudar en eso. Una manera de hacerlo es decirles que abran la Biblia en un salmo favorito u otra cita bíblica. Durante el culto de adoración, pueden usar ese pasaje como base para la adoración creativa al Señor. Se puede hacer algo similar usando un himnario en vez de la Biblia.

Es importante que todos sean creativos en la adoración. Si yo le dijera a mi esposa todas las noches citas prosaicos de Shakespeare, ella tal vez me diría: "Eres muy amable al decirme cosas tan bonitas, pero quiero que me digas lo que tú sientes por mí." Es bueno y propio cantar salmos e himnos a Dios, pero ¿es posible que a veces Dios piense que el creyente sólo le dice expresiones hechas? Dios a veces podría decir: "Me alegra que sientas así acerca de mí, pero he oído mucho esas palabras desde que Carlos Wesley las escribió. Ahora, dime ¿qué piensas tú de mí?" En tales ocasiones, es conveniente ofrecer un canto espiritual, directamente del corazón, en el idioma de uno, expresado de manera única al Señor.

La adoración, en esencia, es sencillamente la comunión con Dios. Las sugerencias para ser más creativos en la adoración no se proponen estorbar esa sencillez; pero muy a menudo la congregación no entra a la plenitud de la adoración porque es víctima de las rutinas espirituales y los ritos anquilosados. Cuando se inicia un nuevo estilo o método, o se canta algo nuevo, no significa que lo nuevo sea superior a lo anterior, sino que los seres humanos son criaturas perezosas a quienes hay que estimular con algo nuevo, o si no se quedan cómodos con la complacencia. Mediante la creatividad, se puede encender de nuevo la mente y el corazón y hallar nuevas energías para la adoración.

Canten un cántico nuevo

La Biblia invita repetidas veces a "cantar un cántico nuevo" al Señor (véanse Salmos 33:3; 40:3; 96:1; 98:1; 144:9; 149:1). Al estimular a sus hijos a cantarle un cántico nuevo, Dios no pone límites a la creatividad e innovación que la iglesia tiene libertad de aplicar a sus métodos y expresiones de adoración.

Sin embargo, no se urge a los cristianos a cantar un cántico nuevo sólo por la novedad. Los nuevos cantos son de beneficio porque mantienen a la congregación fuera de las rutinas. Las palabras nuevas y las melodías producen la sensación de frescura y entusiasmo renovado. Los cantos nuevos pueden avivar el fuego antiguo y revivir la vitalidad de la adoración.

Los cantos nuevos hacen que el creyente piense. Dan a la iglesia nueva conciencia en la adoración. Mientras más despierta se tenga la mente, tanto más satisfactoria será la adoración.

Los nuevos cantos también expanden el vocabulario de la adoración. Producen una variedad mayor de expresiones de adoración. Es bueno aprender nuevos cantos con un tema diferente o único. Las ideas del canto nuevo pueden ser semejantes a las ya conocidas; en efecto, a veces un canto nuevo se puede tomar de unos versos conocidos y, debido a la melodía diferente, se enciende una nueva chispa en el corazón. En otras ocasiones, el director de adoración puede estar consciente de la necesidad de incorporar un canto con cierto tema, y emprende la búsqueda del canto apropiado. Los cantos nuevos ayudan a enfocar un campo más amplio de temas en la adoración.

La última razón para cantar algo nuevo se puede hallar en la pregunta sobre si Dios ha dicho algo nuevo o específico a la iglesia recientemente. Si ese es el caso, se debe escribir una nueva canción al respecto. Eso tendrá mucho significado para la congregación al responder con cantos a lo que haya sido el enfoque de reuniones recientes, y esa verdad se inculcará con más profundidad en la mente y el corazón de los creyentes al repetirla con cantos.

Los directores debieran estar continuamente a la expectativa de nuevos cantos que se puedan añadir a su repertorio de melodías de adoración. Muchas iglesias y organizaciones producen cassettes con música de adoración que son un tesoro de cantos nuevos.

La escritura de nuevos cantos

La primera pregunta que muchos músicos hacen es cómo podrían escribir nuevos coros de alabanza y adoración para su iglesia. Va en aumento el número de personas que escriben cantos, y muchas iglesias los incorporan en su repertorio. Si hay personas en la congregación que pueden escribir coros nuevos, estos reflejarán de modo único a la iglesia y la frescura de lo que Dios le comunica a la congregación. Además, ésta hallará mucho significado porque conoce a los autores de muchos de los cantos que les complacen.

Como muchos músicos eclesiásticos tienen el deseo de escribir cantos de adoración, los comentarios siguientes se dirigen a los posibles compositores que buscan consejos útiles.

Hay cuatro etapas generales en el proceso creativo: la preparación, la incubación, la iluminación y la verificación.

En la etapa de *preparación*, la persona recopila con entusiasmo las ideas y los materiales. Los compositores deben buscar buenos materiales para cantos, así como los predicadores continuamente están a la expectativa de buenos temas o ilustraciones para los sermones. El compositor cosecha ideas de muchas fuentes como la Biblia, un sermón, un libro, el periódico, un anuncio comercial de televisión, una conversación o comentario, y muchos otros lugares. Cuando aparece en la mente alguna buena idea para un canto, hay que *escribirla*. Hay que tomar nota aunque sea sólo una frase o una sola palabra. Se debe mantener un archivo de composición para tales pensamientos e inspiraciones, Esto puede aun incluir ideas melódicas que lleguen a la mente, pero que todavía no tienen palabras que las acompañen. La mayoría de las cosas que se recopilan de esa manera tal vez nunca se vuelvan a usar, pero todo el proceso vale la pena si tan sólo una idea se convierte en éxito.

Durante el tiempo de *incubación*, hay un cambio del consciente al inconsciente. Una idea puede venir, pero durante este tiempo casi se olvida, cuando el compositor se ocupa en otros asuntos de la vida. Esta se considera la fase más importante del proceso de composición, porque a la idea original se le da tiempo de incubar.

Cuando viene la *iluminación*, de repente algo se conecta y fluye la inspiración. Las palabras y la música se unen. Surge una sensación de certeza y gozo, pues un canto adquiere vida propia.

Durante la etapa final de la composición, la de *revisión y verificación*, el canto original se somete al análisis crítico. Se vuelven a redactar frases completas; se pueden alterar los acordes y se pulen las líneas melódicas. La obra final se escribe. En este punto el autor puede solicitar las opiniones de otros.

Aunque la inspiración desempeña un papel en la composición de cantos, y nunca la deben desestimar los que quieran escribir cantos de adoración, hay muchos conceptos y principios básicos que se pueden aplicar a la composición de un canto. Si se llegan a dominar, es muy posible escribir un canto con el poder de la voluntad solamente. La prueba final, no obstante, está en la recepción buena o mala de la canción.

¿Se puede cantar la canción con facilidad y gusto? Los ritmos no deben ser demasiado difíciles; hay que evitar la síncopa intrincada. La melodía se debe componer de pequeños intervalos entre notas sucesivas, y debe fluir suavemente. ¿Hay algo atractivo y cautivador en la melodía, además de que se pueda cantar con facilidad? Le queda la melodía en la mente a la persona durante el día? Toque la melodía para ver si a otras personas les gusta. ¿La melodía obra recíproca y suavemente con los acordes? ¿Son los cambios de acordes suaves y estimulantes? ¿Hay una sensación de finalidad al terminar la canción?

¿Hay un mensaje en la canción? ¿Hay contenido y significado en la música? Hay que preguntar si las palabras y la música tienen contenido por separado, y se debe analizar el flujo de las palabras y la música para comunicar un mensaje. Por lo general, los puntos bajos de la melodía deben coincidir con las palabras y frases menos importantes, en tanto que las notas altas de la melodía deben reforzar las palabras y frases enfáticas. Se debe poner especial cuidado a la nota más alta de la canción. Ésta debe coincidir con la palabra o frase de mayor importancia en la canción. Además, hay cierto principio de composición que se debe obedecer para el éxito de la canción: hay que decir una sola cosa. Un buen canto debe tener un solo concepto. La mayoría de las canciones triunfantes se pueden resumir en una palabra o una frase clave. Y el tema principal de una canción buena se detecta con facilidad. Si el canto cubre todo desde la cruz a la segunda venida de Cristo, no surtirá buen efecto. La canción se debe confinar a un tema preciso, el cual se refuerza una y otra vez en la letra.

Se deben usar frases y expresiones familiares, pero no lugares comunes. Seleccione palabras estimulantes que evoquen imágenes mentales significativas. Si se pueden usar dos palabras para decir la misma cosa, seleccione la de mayor colorido. Una buena canción incorpora muchas repeticiones de palabras y música. La mayoría de las canciones tienen una frase corta que llama la atención del que escucha, alrededor de la cual se compone toda la canción. A veces la idea clave es la primera que viene al compositor. Cuando se establece el estribillo, están presentes el corazón y la vida de la canción; lo único que falta es añadir la carne a los huesos. Una línea melódica debe contener mucha repetición. Ciertas figuras melódicas se pueden repetir una y otra vez en varios tonos. Debe haber mucha repetición en la estructura de acordes de la canción. Se debe usar repetidamente una buena sucesión de acordes. Algunos compositores, por tratar de ser demasiado creativos, introducen muchas ideas musicales en una canción. Hay que mantener sencilla la canción, y repetir las palabras, melodías y acordes más atractivos.

Las palabras deben armonizar con la métrica de la canción. Las sílabas enfáticas de una palabra siempre ocurren sobre el compás fuerte. Las palabras clave también deben ocurrir en los compases fuertes. Con un compás de 4/4, el énfasis está en el primer y el tercer golpe, y el primero es el más fuerte. Con un compás de 3/4, el énfasis está en el primer golpe y los otros dos son débiles.

Uno debe determinar la clave en la cual se debe cantar una canción. Algunas iglesias ponen tono bajo a los coros porque la congregación canta con más facilidad en la parte baja de su registro. Sin embargo, cuando un canto se entona hacia el extremo más alto del registro de la persona común, la congregación puede cantar más fuerte y, por lo tanto, sentir que canta con el corazón. Por esa razón, prefiero poner la mayoría de las canciones en el espectro más alto del registro de la voz, siguiendo estos principios: La nota más baja de la melodía no debe ser más baja que *do* y nunca más baja que *si bemol*. La nota más alta de la canción no debe pasar de *mi bemol* y nunca de *fa*. Por lo general, encuéntrese una clave que ponga la parte principal de la canción en el punto medio entre los dos extremos, donde la nota más alta de la canción esté cerca de *re* o *mi bemol*. Si se siguen esos principios, se pondrá la mayoría de las canciones en un registro en que la mayoría de las personas pueden cantarlas con entusiasmo y energía y sin esfuerzo. Hay dos excepciones a estos principios: Las canciones que tienen carácter de oración y contemplación mantienen una sensación de serenidad y sobriedad cuando su tono es un poco más bajo que lo normal; también, cuando dirijo un culto de adoración temprano por la mañana, bajo la clave de cada canto un intervalo o dos, por el hecho de que la voz de las personas todavía está un poco adormilada.

La enseñanza de nuevos cánticos

Al enseñar con frecuencia nuevos cánticos a la congregación, el director de adoración puede animarla a aprenderlos. Como regla general, a las personas no les gusta aprender cantos nuevos. Es un proceso que requiere energía y pensamiento, y se supone que la iglesia es el lugar donde se debe minimizar el uso de estos recursos. Se espera cierta resistencia inicial cuando se enseña un canto nuevo, pero con la insistencia se verán resultados muy positivos.

He aquí unas sugerencias para la enseñanza de cantos nuevos:

1. Use ayudas visuales para enseñar los coros nuevos, como el proyector de transparencias, un papel en el boletín con la letra,

u otro método. Una excepción podría ser un canto con palabras sencillas, por ejemplo, "Aleluya", donde las palabras impresas podrían ser más bien un obstáculo para el aprendizaje de la canción.

2. Hay que asegurar que los que enseñan la canción y los músicos que la acompañan la sepan bien por anticipado.

3. El coro podría aprender la canción primero y enseñarla a la congregación. Se podría cantar la canción primero como invocación de la adoración y después enseñársela a todos.

4. Tenga un plan definido para el aprendizaje de himnos y coros nuevos. Algunas iglesias enseñan "el himno del mes".

5. Nunca pase demasiado tiempo en una canción nueva durante su primera lección, pues podría restarle interés. Repase la canción unas pocas veces y continúe con el culto. Vuelva a la canción a la semana siguiente y siga reforzándola periódicamente hasta que sea bien conocida. No se desanime si una canción nueva no capta el interés de la congregación la primera vez. Algunas canciones se deben repetir unas veces antes de que la gente de veras las reciba, pero después de aceptar una canción ya no la dejan.

6. Por otra parte, el director debe estar dispuesto a dejar a un lado una canción nueva si no tiene el favor de la congregación. No todas las canciones son significativas o aptas para todas las congregaciones.

7. Hay que tener cuidado con el tiempo al enseñar una canción nueva. Si se introduce a mal tiempo en el culto, la canción puede parecer una interrupción. Cuando se introduce una canción nueva, los hermanos tienen que apartar el corazón del Señor y concentrarse en el aprendizaje de la nueva tonada. Al memorizar la nueva melodía, la congregación puede pensar que se ha desintegrado, de repente, la intensidad espiritual del culto, y le echa la culpa a la canción nueva. Sugiero que se presente la canción nueva al principio del culto y se siga con una canción bien conocida para que el culto siga en marcha.

8. Si el objetivo del director es enseñar nuevos himnos, un repaso cuidadoso del himnario le revelará por lo general himnos buenos que la iglesia desconoce.

9. No trate de enseñar más de dos o tres coros nuevos al mes, para que la congregación pueda aprenderlos bien. Además, los hermanos se cansan rápido de aprender cantos nuevos, si parece que eso es todo lo que hacen.

Los elementos de realce

Hasta ahora se ha cubierto mucho terreno, y el director común de adoración tal vez diga: "¿Qué más? Hay tantos elementos en un culto de adoración; ¿cómo podría yo hacer que todo salga bien?" Ya se sabe que cuando el Espíritu está encargado, las cosas salen bien; también se sabe que a veces Dios permite que las cosas sean difíciles; pero aparte de eso, hay ciertas cosas, que se podrían llamar elementos mecánicos, que el director puede usar para suavizar algunos obstáculos e impedir que los problemas pequeños se vuelvan grandes. Son cosas que se consideran naturales y dan realce espiritual porque facilitan el flujo del culto.

Uno de tales elementos es el *contacto visual* entre el director y los músicos. Esto asegura la unidad musical y es de importancia en los siguientes puntos:

1. Después de que se toque la introducción, cuando se va a comenzar el canto, el director puede iniciar un compás diferente del que usaron los músicos para comenzar.

2. Al fin de cada coro, el director puede hacer una pausa y decir algo, o pasar a la estrofa siguiente sin interrupción.

3. En puntos frecuentes a través de la canción, pues puede ser muy frustrante si el director trata de comunicar algo a un grupo de músicos que están embebidos en la música, con los ojos cerrados, o con toda la atención puesta en la ejecución de sus instrumentos. Los músicos no se deben aislar del resto del mundo al tocar, sino permanecer conscientes de lo que les rodea.

4. Al terminar la canción, el director puede repetirla, pasar a otra canción, cambiar de claves, dejar de cantar, o incorporar un fin lento. El contacto visual con el director es muy importante aquí, pues de lo contrario los músicos pueden perder con mayor facilidad cualquier indicación de cambio en la dirección.

En conjunción con el contacto visual, otro elemento clave es el *conjunto de señales* para la comunicación entre el director y los músicos. Cuando se domina y se usa bien, el conjunto de señales contribuye mucho al flujo de la música y la adoración. Algunas señales útiles se usan para indicar lo siguiente:

1. *La clave deseada para la canción* (la cantidad de bemoles o sostenidos). El director la indica con los dedos. Por lo general, los dedos extendidos hacia arriba indican sostenidos; hacia abajo bemoles. Por ejemplo, el director puede mostrar al pianista dos dedos hacia arriba, que significa: "Déme la clave de dos sostenidos." El pianista toca un acorde de *re,* y el director puede comenzar un canto nuevo en una clave diferente sin decir palabra.

2. *Para elevar la clave de un canto.* A menudo se desea elevar la clave medio intervalo o un intervalo entero antes de repetir el coro, pues la clave más alta da una sensación de mayor vitalidad al canto. Se puede apuntar hacia arriba con el pulgar para señalar esto.

3. *Un cambio de volumen* (más alto o suave). La palma hacia arriba o abajo podría comunicar el deseo del director de que el coro cante más alto, o que los músicos toquen más bajo, etcétera.

El asunto del volumen es muy importante. Es un aspecto en que los instrumentistas deben estar conscientes del culto y los deseos del director, y observar sus señales. Los instrumentos podrían sobresalir o distraer en ciertos puntos durante el culto. Cada músico debe ser sensible para apoyar y animar el flujo de la adoración, en vez de demostrar su capacidad musical a expensas de ella. Los que tocan tambores deben ser muy considerados en su desempeño. A muchos ancianos (y a algunas personas no tan ancianas) les molesta el toque demasiado dominante o rimbombante de los tambores. Por ejemplo, ciertos himnos majestuosos se arruinan con su toque. En otros cantos, no obstante, el tambor hábil puede contribuir un toque único y enérgico. También los trompetistas, debido a la resonancia de sus instrumentos, tienen la posibilidad de destacarse o distraer. Con todo, dado el medio debido, pueden sonar muy bien y aumentar las alabanzas gloriosas en las alturas de Sion. Los músicos cuyos instrumentos suenan muy alto, como las trompetas, saxofones y panderetas, deben tener cuidado de que no dominen ni distraigan. Al músico le es difícil discernir esto, de modo que una señal discreta del director puede ayudar mucho para mantener el balance de la música.

4. *La cesación de la música.* A veces el director quiere que los músicos dejen de tocar, y un movimiento lateral de la mano puede indicárselo.

5. *La repetición del coro.* El director puede indicarla al girar el índice extendido. Esta señal puede prevenir situaciones difíciles. El director puede sentirse frustrado cuando quiere repetir el coro al mismo compás, pero el pianista piensa que quiere parar, y toca un compás retardado que lleva la canción a un final brusco. El director se queda allí, con la boca abierta, y listo para cantar otra vez, pero la música se ha detenido. Una señal sencilla con el dedo índice podría haberle dicho al pianista que siguiera tocando.

6. *El cambio de compás* (aceleración o retardo). Esto es probablemente lo más difícil de todo, pues aunque puede ser fácil dar una señal reconocible para acelerar o retardar el compás, otra cosa es hacerlo. ¿Cuánto más rápido o lento debe ser el compás? ¿Cuál instrumento dirigirá el nuevo compás? Es a menudo más fácil dejar de cantar, y comenzar de nuevo en un compás diferente. A veces una serie de movimientos manuales "rápidos" o "lentos" indicará a los músicos el cambio, y el canto también puede prestarse a tal cambio.

Entre los músicos también se usa un conjunto de señales para indicar cuáles acordes se tocan al avanzar la canción.

Algunas iglesias usan un *preludio* y *postludio* para dar realce a los cultos de adoración. Muchas han descubierto que un preludio, o sea una variedad de selecciones musicales tocadas por músicos asignados, inmediatamente antes de que comience el culto, es eficaz en la preparación del corazón y la mente de la congregación para la adoración. Los músicos deben ser considerados y tocar la música que se adapte a la ocasión. A veces es apropiado tocar música vivaz y feliz, y otras, música suave y melodiosa, al entrar la gente al santuario. El preludio a menudo da el tono para el resto del culto.

El postludio realiza una función semejante a la del preludio, excepto que se toca al concluir el culto mientras la gente sale del edificio. El postludio cubre el bullicio de los que salen y da un ambiente que ayuda a la meditación, la oración y la búsqueda de Dios. Los cantos contemplativos, de adoración y consagración, son apropiados. Este no es el momento de desplegar la capacidad para improvisar. El estilo debe ser transparente, sin llamar la atención al instrumentista. El desarreglo musical se debe evitar al tener sólo un músico que toca. En las invitaciones al altar, es deseable que un músico toque mientras haya personas todavía reunidas en oración. Si un músico tiene que salir, quizás otro podría reemplazarlo. La música durante los cultos en el altar no es sólo cuestión de dar fondo musical; es en efecto una forma significativa de ministerio a los que oran, y a menudo los músicos y directores no le dan bastante consideración.

Un elemento mecánico que contribuye a la adoración musical es un *proyector de transparencias*. Muchas iglesias facilitan la adoración al proyectar la letra de los cantos en una pantalla grande cerca del frente del auditorio (o sobre una pared del frente) mientras cantan. Este sistema ha funcionado tan bien que la mayoría de las iglesias que usan coros contemporáneos emplean este método.

Uno de los beneficios del proyector durante la adoración es que aparta la mirada de la gente del himnario; no tienen que tomar y descargar el himnario; la mirada está puesta en el director cuya obra se facilita; les da más significado a los coros cuando las visitas pueden ver las palabras al frente. Esto ha contribuido mucho a liberar a la congregación en la alabanza, porque en vez de mirar un libro, alzan la mirada a las palabras, lo cual les da una posición de abertura. Los proyectores también ayudan mucho en la enseñanza de los coros nuevos.

El uso del proyector, no obstante, tiene sus desventajas. Un problema importante es la posibilidad de distracción en la adoración. El problema es que las personas siguen mirando las palabras proyectadas mucho después de haber aprendido el canto. Se distraen de la adoración porque su atención está en la pantalla, no en el Señor. De manera que el objeto que sería una ayuda en la adoración se ha vuelto contraproducente.

No sugiero que se descarte el proyector, sino que se hable a la congregación sobre la tendencia mencionada y se les advierta que deben evitarla. Se le puede decir al operador que observe cuando la gente mira las palabras sólo por hábito, y que apague el proyector entonces. El momento de apagar el proyector varía según el conocimiento que los hermanos tengan del canto y la cantidad de visitantes presentes. También se puede evitar que la pantalla sea el foco de la atención poniéndola a un lado.

Como se ha dicho, cualquiera de los elementos externos puede ayudar o estorbar, o ambas cosas. Cualquier cosa en el culto es una distracción o estorbo posible, pero no tiene que convertirse en problema. La actitud hacia el propósito y uso de tales elementos los mantendrá en su papel como herramientas para mejorar el ministerio del Espíritu en medio de la congregación. Después de todo, eso es el propósito de la aplicación práctica de los conceptos.

Con la mirada puesta en el futuro

Ya que se ha "reconocido la tierra" y visto el fruto y los gigantes, es hora de poner todo en perspectiva. ¿A dónde se pasa de aquí? ¿Cómo comenzar? ¿Cuáles deben ser las prioridades de los pastores y directores de adoración? El Espíritu de Dios debe decidir las respuestas a tales preguntas en el corazón de sus hijos, a la luz de su llamado y lo que les ha inspirado.

Los cambios comienzan con los directores y se filtran a la congregación. Se debe permitir que los principios de este libro estimulen la vida del creyente. Dios quiere comenzar cambiando a los directores de la iglesia en adoradores. Cuando los líderes viven en adoración, la congregación los sigue.

También se debe dar atención inmediata a la relación entre el pastor y el director de adoración. En tanto que existan diferencias de valores o filosofía entre ellos, o falta de comunicación, la adoración congregacional seguirá impedida por la frustración y el estancamiento. El espíritu de equipo debe comenzar con el pastor y el director de adoración. Cuando esa relación esté en orden, es importante impartir una mentalidad de equipo a los músicos y cantores activos. Hasta donde sea posible se debe formar un equipo de las personas talentosas de que se disponga, compartiendo el ministerio de la adoración entre un grupo de adoradores consagrados.

Una vez que el equipo de adoración comience a funcionar, los directores deben reunirse regularmente con él para orar y compartir la visión espiritual. Se puede comenzar a hablar de las metas para los cultos de adoración. Se puede hablar de ciertos cultos, y hacer oración unida para que la congregación tenga una experiencia espiritual más completa. Se deben estudiar las ideas tomadas de la Biblia, música y libros, y examinar las maneras de ponerlas en práctica. Hay mucho beneficio en la fortaleza de un núcleo de hermanos consagrados a ver la realización de la voluntad de Dios en la adoración congregacional.

El seguimiento constante de Dios y sus planes debe hacer que sus siervos siempre pidan la guía y la sabiduría divinas para saber cómo y dónde dirigir al pueblo de Dios que se les ha confiado. De esa manera, pueden embarcarse en la gloriosa y emocionante aventura de explorar los territorios ignotos de la alabanza y la adoración que Dios se propone revelar a su iglesia en el futuro.

enriquezca su vida

Por medio de la lectura de
buenos libros usted puede
adquirir instrucción, estímulo
y entendimiento espiritual.
¡Que riqueza!... Editorial Vida
se la quisiera proporcionar.

En las siguientes páginas se
describen excelentes libros
que hemos publicado para su
inspiración.

con libros de

EDITORIAL
Vida

¡ALABAD A JEHOVA! NACIONES TODAS, PUEBLOS TODOS, ¡ALABADLE!

Excelente es tu nombre y *Las naciones cantarán* son las primeras grabaciones producidas a través de nuestra nueva línea de alabanza y adoración: **Música Con Vida.** Grabadas en vivo, estas produciones seran de gran bendición para udsted.

LA SANTA BIBLIA: EDICION ULTRAFINA

Editorial Vida se complace en presentar nuestra más reciente Biblia publicada: *La Santa Biblia, Edición Ultrafina*. Su fina encuadernacion y conveniente tamaño la hace practica para todas ocasiones. Ademas, esta Biblia provee mas información que ninguna otra Biblia disponible en ese tamaño.

La concordancia/indice de esta Biblia incluye cada palabra que aparece 40 veces o menos, y ayuda al lector a localizar con facilidad aun aquellas palabras menos conocidas de la Biblia.

Otras características que se incluyen:
- Version Reina Valera 1960
- Palabras de Cristo en Rojo
- Tabla de pesos y medidas
- Referencias recíprocas de la Reina-Valera

Disponible en imitación de peil, piel legitima y piel especial.

Vida

DEDICADOS A LA EXCELENCIA